The Philosophy of Nintendo

任天堂哲学

〔日〕井上理 著　郑敏 译

南海出版公司

新经典文化股份有限公司
www.readinglife.com
出　品

目 录

第三章　岩田聪与宫本茂——“禁欲”式的管理

第四章　创造笑容的企业

第五章　从 Game & Watch 开始

第六章　依靠软件属性生存

第七章　从花札工厂到世界级企业

第八章　新的创意和惊喜

序　立于金融危机中岿然不动

2008 年 9 月，以美国雷曼兄弟银行破产为导火索，全球爆发了一场百年不遇的金融危机。世界经济萎靡不振。

商品滞销。仓储和生产成本升高。各大厂商开始减产。一线工厂倒闭、重组。日元汇率升高给日本各大企业带来了巨大的压力。

2009 年 1～2 月，完成了年度结算的日本各大企业公布了年度财政预期[①]，几乎所有企业都在这场金融危机中遭受了重创。

丰田汽车、日产汽车、松下、日立、东芝、索尼……日本最大的几家企业的盈利都如雪崩一样在短短几个月内变为了赤字。仅最大的 10 家机电企业，赤字就超过了 2 万亿日元[②]。这场百年不

①日本的财政年度从每年的 4 月 1 日到翌年的 3 月 31 日。每年 1～2 月各企业会对本年度的财政状况进行预先评估。

②当时 100 日元约合人民币 7.4 元。

遇的金融危机如同一个贪婪的无底洞，把全球经济带入了寒冬。

而任天堂却是个例外。

2009 年 3 月，岩田聪执掌任天堂 6 年 10 个月，这对于任天堂来说是值得纪念的。掌上游戏机 Nintendo DS（Nintendo Dual Screen，以下简称 NDS）的累计销量突破了 1 亿台，家庭游戏机 Wii 的累计销量也突破了 5000 万台。

NDS 上市 4 年 3 个月后，销量就突破了 1 亿台，开创了掌上游戏机的一个新纪录。Wii 上市 2 年 5 个月，销量突破 5000 万台，打破了索尼的家庭游戏机 PS2 用时 3 年销售 5000 万台的纪录。

任天堂，电子游戏的开拓者，也是电子游戏的霸主。

现在的任天堂已经成长为和丰田一样拥有巨大影响力的世界级大公司。越来越多的人把它和美国的苹果、Google 等相提并论。任天堂的业务也开始由电子游戏向其他领域拓展。

2007 年 4 月～2008 年 3 月，任天堂的销售额为 16724 亿日元，是岩田刚刚成为社长时年销售额（2002 年 4 月～2003 年 3 月）的 3.3 倍，利润为 4872 亿日元，是那时的 4.9 倍。

任天堂（含控股子公司）拥有约 3800 名员工，人均销售额为 4.4 亿日元，人均利润为 1.3 亿日元。如果按照直接创造经济效益的员工统计，那么人均销售额为 11 亿日元，人均利润为 3.3 亿日元。

与任天堂相比，丰田拥有 7 万名员工，人均销售额为 3.8 亿日元，人均利润为 3300 万日元。

即使是在2008年后半年，金融危机开始肆虐的时候，任天堂仍然保持着强大的生产力和高额利润，甚至还呈增长趋势，这令世界各国惊叹不已。

根据任天堂的预测，到2009年3月年度结算的时候，公司的销售额会创新高，达到18200亿日元，利润也会达到有史以来最高的5300亿日元。这在日本国内仅次于丰田。

进入2009年1月后，任天堂下调了预期业绩，但并不是因为受到金融危机的影响。任天堂产品的出口比例超过了总业务的85%，日元升值给任天堂带来了很大的压力，不得不把预期销售额下调了1800亿日元，利润下调了1200亿日元，税后最终利润也相应下调了1800亿日元。

即使是在金融危机的爆发地——北美，任天堂的产品仍然在热销中。

在2009年1月的决算说明会上，岩田社长骄傲地宣布：

"2008年，Wii在美国售出1017万台，NDS售出995万台，都创造了新的游戏机年销售纪录。"

Wii凭借着"Wii Fit"这款游戏软件销量的猛增，在金融危机爆发之后销售势头仍然不减。

2008年10～12月，Wii游戏机的销量同比增长54%，在欧洲地区（包含北美、日本以外的地区）销量同比增长91%。最令人难以置信的是，NDS在上市的第五年销售势头依然强劲，北美地区销量同比增长4%，欧洲地区同比增长9%。

进入2009年之后，金融危机的影响进一步扩大，全球消费量继续萎缩，但任天堂的业绩依然坚挺。

根据美国市场调查权威NPD公司的调查，2009年1月，美国游戏市场的营业额（硬件、软件合计）同比增长了13%，增长部分几乎完全是任天堂贡献的。位居游戏机销量榜首的是任天堂的Wii，售出了68万台，紧随其后的是任天堂的NDS，51万台。游戏软件销量排行榜第一到第三的位置完全被Wii的游戏软件独占。排名第一的Wii Fit售出了78万套，更是刷新了圣诞假期之后游戏软件月销量的纪录。

各媒体以“游戏产业不受金融危机影响”等理由推测任天堂在经济不景气的大环境中岿然不动的根源，但这并不太准确。

实际上，任天堂的竞争对手索尼的同期业绩就出现了下滑。2008年10～12月，索尼的家庭游戏机PS3的销量同比下降了9%，掌上游戏机PSP的销量也同比下降了12%。2009年1月之后，销售状况更加不容乐观。

对游戏产业有深入了解的冈三证券企业调查部的分析师森田正司说：“任天堂的强盛与经济环境好与不好之间没有直接关系。即使是经济景气的时候，那些做无聊游戏的厂家也一样无法生存下去。”

非常令人意外，没有几个人能回答，任天堂究竟是如何成功的。

任天堂成功跻身具有巨大影响力的世界级企业之列，自然有很多记者希望详细了解任天堂，但大多吃了闭门羹。

任天堂不喜欢对外界过多地谈论自己的经营模式和企业理念，甚至一提到与经营细节相关的问题就会表现冷淡。只有个别记者能得到采访机会。在所有经营得如此成功的企业中，任天堂可以算是一个异类。因此，市面上几乎找不到一本跟任天堂的经营细节有关的书。

虽然任天堂产品的广告铺天盖地，应该向投资者公开的业绩报告也做得一丝不苟，但却无法从中看到任天堂内部的经营管理状况。

在任天堂看来，只要是他们想公开、对企业盈利有益的信息，都可以在其主页上找到详细资料。至于私下的单独采访，真的有必要吗?

岩田社长说:“之前有过很多次，竞争对手提前得知了我们的策略和创意，所以现在大家对这类事情都变得很敏感。”也就是说，任天堂出于竞争中的自我保护意识才有意地远离媒体。

任天堂内部实行信息管制，不向外界透露公司内部的经营管理细节，把需要公开的信息减少到最低限度。

笔者所属的经济杂志《日经 BUISSES》和任天堂奇迹的创造者岩田社长、宫本茂先生等长期保持着友好合作，有幸能经常接触任天堂的高层人士，甚至还获得了专访任天堂前任社长山内溥先生的机会，这也是他隐退之后首次接受媒体采访。

笔者根据这些采访内容在《日经 BUISSES》上发表了特别报

道。但是限于篇幅，无法把所有内容付诸笔端。金融危机肆虐，日本经济萎靡不振，一枝独秀的任天堂在此时带给人们的更多的是对日本未来的希望。

“Only the paranoid survive”（只有时刻感受到危机感，才能不断进取）。这是美国 Intel 公司的创始人之一——安迪·格鲁夫的名言。他认为，残酷的市场竞争和恶劣的生存环境对企业来说更多的是一种机遇，是企业发展的“战略转折点”。

苹果公司的创始人、前任 CEO 史蒂夫·乔布斯也有一句赠给斯坦福大学毕业生的名言，“Stay hungry, stay foolish”（求知若饥，虚心若愚）。

任天堂的经营理念颇能体现这两句名言的内涵，但又不尽相同。

Intel 和苹果都是位于美国硅谷的现代 IT 企业，周围的企业不是做软件就是做硬件，而任天堂的总部设在日本的古都——京都，有着近 130 年的历史。两家公司的文化和工作氛围完全不同。

任天堂在这种环境下诞生、成长，最终蜕变为世界顶尖级企业，成了游戏世界的霸主。

了解任天堂的成长经历，对于游戏产业和软件产业、对于所有陷入产品同质化和恶性价格竞争中的企业都大有裨益。

井上理

第一章

游戏旋风和危机感

我们拼命地想要开发出堪称完美的游戏，但是对于那些平时就不会在游戏上花费时间和精力的人来说，无论什么样的游戏都没有任何区别，换来的只是他们默默地转身离去。我们越是思考就越能感受到这个问题的严重性。

——岩田

挑战：人手一台 NDS

2008 年 10 月 2 日，位于东京原宿的代代木第一体育馆迎来了千余名访客。有新闻界人士、评论家，但更多的是电子游戏业界的从业者。工作人员对来宾的邀请函进行了严格检查，入口前渐渐排起了长队。

体育馆内座无虚席，伴随着响彻全场的音乐和闪亮的灯光，任天堂的社长岩田聪登上了演讲台。

掌声经久不息，场面就像是苹果公司的前 CEO 史蒂夫·乔布斯进行产品发布一般。在日本，包括岩田聪在内，有如此巨大的影响力的企业家屈指可数。岩田社长简单地讲了两句作为开场白，之后马上切入了正题。

“任天堂以‘扩大游戏玩家队伍’为基本战略。作为该计划的首款游戏机，2004 年 12 月 2 日，任天堂开始发售掌上游戏机 NDS，距离今天恰好是 3 年 10 个月。下面请允许我先来介绍一下

NDS 家族的一位新成员——NDSi。”

之后，岩田高高举起了这款增加了照相和音乐播放功能的新型 NDS 产品。

当时，掌上游戏机 NDS 在日本国内的销量超过了 2300 万台，人们认为已经接近饱和状态，但是任天堂却认为还有继续普及的余地。

任天堂的 NDS 于 2004 年 11 月在美国、12 月在日本发售，截至 2008 年 12 月底，总计卖出了 9622 万台。

NDS 投入市场之后连续 4 年销售势头不减，终于在 2009 年 3 月达到了 1 亿台的销售业绩，创造了家庭游戏机史上的纪录。

在 NDS 之前，销量突破 1 亿台的游戏主机只有 3 种。最先突破 1 亿台的是索尼的子公司索尼电脑娱乐公司（SCE）的换代家庭游戏机 PlayStation（以下简称 PS），历时 9 年半。PS 的后继者 PS2 用了 5 年 9 个月。任天堂的 Game Boy 是唯一一款销量过亿的掌上游戏机，1989 年上市，以俄罗斯方块这款益智类游戏风靡全球，历时 11 年销量破亿。NDS 用实际销售成绩证明，它拥有超过其他所有产品的爆发力。

众所周知，NDS 具有其他掌上游戏机不具备的双屏设计，以及触摸屏和声音识别功能。玩家可以看着上方的主画面，通过点击下方的触摸屏，甚至通过声音来操控游戏。这种人性化的人机界面成了 NDS 最大的卖点。NDS 这个名字就取自“double screen”（双显示屏）这两个词的首字母。

NDS 打破了传统游戏机只有一个显示屏，只能用按键进行操控的束缚，以惊人的速度普及开来。可以说，NDS 取得成功的最主要原因就是打破成规，给玩家带来新奇的体验。

大多数游戏机厂家的经营策略是先大规模推广游戏机硬件，之后主要依靠销售游戏软件来盈利。业界普遍认为这种经营模式的生命周期大概为 5 年，也就是说，一种产品上市 5 年后利润率就会下滑，但是 NDS 的销售业绩彻底打破了这种普遍认知。NDS 在日本的普及程度不仅超过了外界预测的所谓“界限”，而且还在向着新的目标迈进。

NDS 上市后第一年的销量和上一代掌上游戏机 Game Boy Advance（以下简称 GBA）相比相差很远。日本国内刮起“NDS 旋风”是 NDS 推出整整 1 年后的事了。从 2005 年年末开始，人们在各大卖场门前排起长队抢购 NDS，NDS 脱销的告示随处可见，各种媒体也连日报道全日本的男女老幼争相抢购 NDS 的场景。

2006 年 3 月，任天堂利用当时市场反响热烈的绝好机会，推出了新一代产品——NDS Lite。同第一代 NDS 相比，新产品体积更小，重量也减轻了大概 20%。NDS Lite 投入市场后，为 NDS 旋风注入了巨大的活力。

从 2006 年 4 月开始，NDS 在日本国内一年的销量就达到了 912 万台，创造了游戏机销售史上的新纪录。

2007 年，NDS 在日本的销量与 2006 年相比有所下滑，只有 636 万台。进入 2008 年之后，NDS 的销量继续下滑。当然这也与日本国内 NDS 的普及程度有关，截至 2008 年 12 月底，NDS 在日本已经卖出了 2500 万台。

单纯用数字来计算，平均每 5 个日本人就拥有 1 台 NDS。按照家庭游戏机业界的常识来判断，NDS 的销量应该会这样持续下滑。正当大家都静待任天堂推出下一款掌上游戏机的时候，岩田社长宣告 NDS 时代会继续辉煌下去。

他说："市场普遍认为，一款游戏机在日本市场能卖出 2000 万台就已经到达销售瓶颈了。所以很多人都认为 NDS 的市场已经饱和。但是，如果能在原有机型的基础上进行创新，NDS 就能焕发出新的活力，仍然有进一步普及的余地。"

所谓在原有机型的基础上进行创新，指的就是在第一代 NDS 推出整整 4 年后，于 2008 年 11 月登场的 NDSi。NDSi 的重量和大小与 NDS Lite 几乎一样，但是厚度减少了 12%，而且液晶画面从 3 英寸扩大到了 3.25 英寸，画面的亮度也提高了。

NDSi 最大的改进就是增加了照相和音乐播放功能。这些改进并不是想把 NDS 变成像手机那样的多功能工具，而是为了尽可能增加 NDS 的可玩性，提高玩家的兴趣。利用 NDSi 可以轻松地把照片编辑成大头贴，可以改变脸的形状，可以把自己和朋友的照片编辑到一起……在音乐播放方面，NDSi 也提供了改变音阶和音速的功能。

凭借着这些附加价值，任天堂向一个从未涉足过的领域发起了挑战。那就是"人手一台 NDS"。

“很多已经拥有了NDS的家庭都是几个家庭成员共享一台NDS，我们的目标是让大家都拥有自己专属的NDS，从一家一台变成一人一台。”

正是基于岩田的这一想法，新型NDS被命名为“i”。根据任天堂公司的调查，平均每个家庭有2.8名成员在用NDS玩游戏，但是平均每个家庭只拥有1.8台NDS，NDSi的目标就是消除这两个数字之间的差距，让每个人都拥有属于自己的NDS。

岩田的这一战略推进顺利。在上市后的第5年，NDS的全球销量超过了3000万台。NDS旋风刮过了大洋，在北美和欧洲登陆，

NDS与GBA（Game Boy Advance）的销量比较

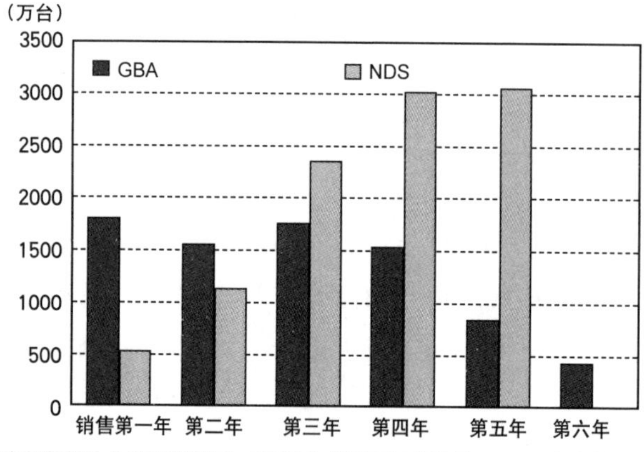

注：表中的数据为全球累计销量。NDS上市第五年的销量3150万台为当时预测数量，依据是2009年5月7日的决算结果。
数据来源：任天堂

而且在北美和欧洲的销量超过了日本。NDSi 的推出为 NDS 注入了新的活力，确保了 NDS 系列机型销售的持久性。

当时冈三证券（该公司对游戏业界的分析水平是公认的）预测，到 2011 年 3 月，NDS 在全球范围的累计销量会达到 1.5 亿台，超越索尼电脑娱乐公司的 PS2（销量为 1.3 亿台），登上全球销量第一的宝座。

NDS 拥有游戏机历史上罕见的竞争力，其不拘常规的硬件设计功不可没。但是，如果没有配套的优秀游戏软件，NDS 旋风也无从谈起。

社长力推的“脑锻炼”

一个身影无视喧嚣的都市，径直向机场奔去。

“从 6:55 开始发售，请大家在这边排成一列耐心等候！另外，每位顾客限购一台！”

2004 年 12 月 2 日早晨 6 点，在这个时间，出门上班的工薪族还稀稀拉拉的，但东京有乐町的电器商店 Bic Camera 总部门前已经排起了长队。这一天是任天堂新一代掌上游戏机 NDS 的首发日。Bic Camera、友都八喜[①] 等大型家电卖场从清晨就开始了特别销售的准备工作。

推出新一代掌上游戏机，这对任天堂来说是关乎公司今后成长的大事。但是在这么重要的时候，社长岩田聪却不在东京都。他正在去往位于宫城县仙台市的东北大学的路上，去完成引爆

①原名 Yodobashi Camera。2008 年奥运会期间，官方推出了正式的中文名称。

NDS 旋风最关键的一步。

“成人的 NDS 脑锻炼”，简称“脑锻炼”，是为 NDS 旋风做出卓越贡献的极负盛名的一款游戏，截至 2008 年 12 月，它在世界范围内累计售出 3009 万套。这在数量众多的 NDS 游戏中也是空前的。

脑锻炼由 10 余个迷你游戏构成。比如，“计算 20”，玩家要在尽可能短的时间内完成 20 道四则运算；“瞬间记忆”要尽可能多地记住瞬间显示出的数字；“名作音读”要尽快读出已经显示出的名著开篇部分，等等。这是岩田掌舵任天堂后第一款自主企划、研发的游戏。

2003 年 11 月，日本出版了两本书——《成人的脑锻炼：计算练习》和《成人的脑锻炼：音读练习》，创下了当时的销售纪录。这两本书由川岛隆太教授和“日本公文教育研究会”共同出版。川岛隆太教授任教于东北大学，从事大脑活动和精神障碍患者大脑机能恢复方面的研究。“日本公文教育研究会”是“公文式”学习法，即反复学习法的开创者。这两本书的理论基础是川岛教授的一项研究成果：“反复进行简单的计算和文章朗读，有助于提高大脑活跃度。”书中收录了可供练习 12 周的习题，每天做 50～100 个练习，每周进行 5 次。这两本书通过人们口口相传，很快就红遍了全日本，截至 2004 年 6 月，在短短 8 个月的时间里就售出了 120 万册。

注意到这一热潮的岩田，马上与川岛教授进行了简单的接洽，在 2004 年夏季开启了一个新项目——将脑锻炼移植到 NDS 中。2004 年 9 月，岩田拿到了脑锻炼游戏软件的最初版本，基本符合预期效果。

他希望能立即和川岛教授会面，当面听取教授对这款游戏的意见。但是川岛教授和岩田社长都是大忙人，两个人最终约定的见面时间恰好就是 NDS 的首发日。

NDS 能否获得玩家的认可是关系到任天堂日后发展的一件大事，在这种场合，岩田本应出现在发售现场，或留在任天堂本部，准备应对各种突发状况。

NDS 首发 10 天之后，其最大的竞争对手索尼旗下的 PSP 上市了，当时专营游戏业务的索尼电脑娱乐公司的社长久多良木健从清晨开始就往来于新宿的友都八喜和涉谷的茑屋书店(TSUTAYA)，亲手把一台台 PSP 递交到消费者手上。

这种事情岩田当然也很清楚，但他还是毫不犹豫地选择了在 12 月 2 日那一天飞往仙台，去拜访川岛教授。对他而言，能够早日完成脑锻炼的开发工作，让脑锻炼为 NDS 助力更加重要。

他们最初只预约了 30 分钟的见面时间，后来延长到了 3 个小时。两人热烈地交换着对于脑锻炼的意见。

“现在，公司内部已经没有人因为去仙台这件事责备我了。”

对于那些早已忘记游戏乐趣的成年人和对游戏丝毫不感兴趣的人来说，脑锻炼成了他们购买 NDS 的唯一理由，NDS 的销售量也随着脑锻炼的推出快速增长。

NDS 与 PSP 的销售比较

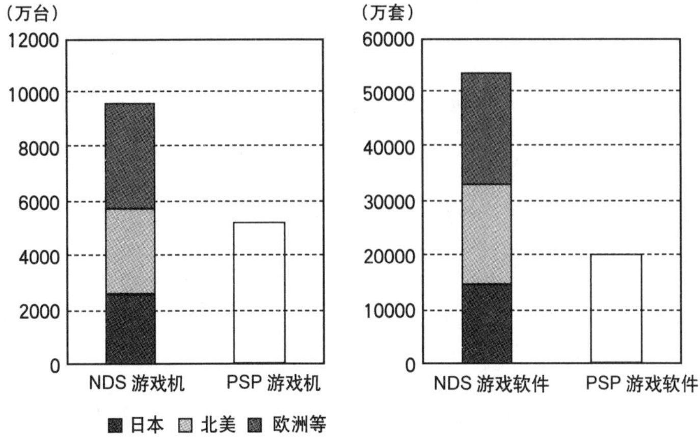

注：截至 2008 年 12 月底的全球累计销量。NDS 的数量是售出数据，PSP 的数据是截至 2006 年 3 月的上市数量和之后售出数量的总和。

NDS 发售之初，购买者大多是游戏迷和中小学生。截至 2005 年 3 月，NDS 在 4 个月内售出 200 万台，与“旋风”这个词还相去甚远。不过，随着 2005 年 4 月脑锻炼的上市，情况为之一变。

脑锻炼开始销售的第一周就卖出了将近 5 万套，之后一直保持着每周数万套的销售速度。进入夏天以后，按照以往的销售经验，销量会开始下滑，但令人惊讶的是，脑锻炼的销量不降反升。据分析，出现这一现象的原因在于，很多二三十岁的工薪阶层在 8 月份夏休的闲暇时间里对脑锻炼产生了浓厚的兴趣，拉动了消费。

脑锻炼这套游戏可以同时记录 4 个人的成绩。“妈妈的大脑年龄是多大呢？挑战一下吧！”这使得脑锻炼引起了全体家庭成员的兴趣。就是依靠这样一个小小的设计，年轻人在不知不觉间成了“NDS 传播大使”，让上了些年纪的人重新体会到了游戏的乐趣，促使他们去购买 NDS 游戏机和脑锻炼，购买“属于自己的 NDS”。

在 9 月甚至出现了游戏机历史上从未有过的现象。在敬老日①那一周，脑锻炼的销售量激增，超过了推出后第一周的销量。任天堂一直在努力宣传脑锻炼对于精神障碍的恢复和预防有很好的效果，所以很多人都选择 NDS 游戏机和脑锻炼作为礼物送给老人。

截至 2005 年 11 月，脑锻炼上市半年，销量达到了 70 万套，在年终促销活动中更是突破了 100 万套，日本各地都出现了 NDS 断货、要求紧急调货的消息。2005 年 12 月底，脑锻炼推出了续篇，进一步推动了其强劲的销售势头。原作和续篇加起来一共卖出了 1100 万套。

许多早就忘记了电子游戏为何物或者对电子游戏完全没有兴趣的成年人从脑锻炼开始，接触到更多的任天堂游戏。有些第一次接触掌上游戏机的人还特意购买了经典的“超级马里奥”等游戏软件。这带动了整个游戏市场的繁荣。根据任天堂的统计，最初因为脑锻炼而购买 NDS 的用户中，有 35% 的人会在购买脑锻炼之后 90 天内，接着购买其他的游戏软件，其中有 10% 的用户购买了 11 种以上的任天堂游戏软件。

---

①日本法定节日，9 月份的第三个星期一。

就这样，岩田就任社长之后制定的“扩大游戏玩家队伍战略”以脑锻炼为战略商品，取得了轰轰烈烈的成功。

不单单是在日本，脑锻炼在海外也为任天堂的发展做出了不可磨灭的贡献。

不过，在海外，另一款游戏软件的成绩比脑锻炼还要好。这是一款让人欲罢不能的游戏——“任天狗”(nintendogs)。

2005 年 4 月，任天狗开始在日本发售。同年 8～9 月开始在全世界发售。其实任天狗本身很简单，就是通过触摸屏和麦克风照顾游戏里的宠物狗。通过麦克风可以呼唤宠物狗，给它喂食，带它出去散步，在公园里面扔飞盘让宠物狗去接。总之就是一些再平常、再简单不过的操作。

只能说这是一款勉强算得上是游戏的游戏，但令人吃惊的是，截至 2006 年底，任天狗在北美和欧洲的销量都超过了 400 万套。进入 2007 年以后，这股热潮依然不减。截至 2008 年 12 月，任天狗在全世界的累计销量为 2167 万套，其中海外市场的销量占 90% 以上。

任天堂依靠提供触摸、语音等“直观感觉”的游戏机和紧抓人们心理的游戏软件，取得了巨大的成功。这种开发思想在 NDS 的后继机型中得到了继承。

扩大游戏玩家队伍战略与 Wii

在任天堂的家庭游戏机 Wii 上市之前，谁也想象不出从家庭主妇到医院中的患者，甚至皇室成员都紧握着游戏手柄，面对屏幕投入游戏的样子。

2005 年 11 月，微软发布了最新家庭游戏机——Xbox360，揭开了所谓的“次世代”游戏机三方混战的战幕。

这三方就是 PS3、Xbox360 和 Wii。

当时，游戏业界的大多数分析家都预测索尼电脑娱乐公司的 PS3 会取得压倒性的胜利。

PS3 装备了可以和高端计算机媲美的 Cell 处理器，并且配有可以收录高清电影的大容量存储介质——蓝光盘（Blu-ray Disc）。令人惊艳的影音性能使得 PS3 对游戏迷有着无比的吸引力。

任天堂的 Wii 是三种次世代游戏机中唯一一款不具备高清画质的机型。所以，当时几乎没有人看好 Wii 的前景。

次世代游戏机的市场份额

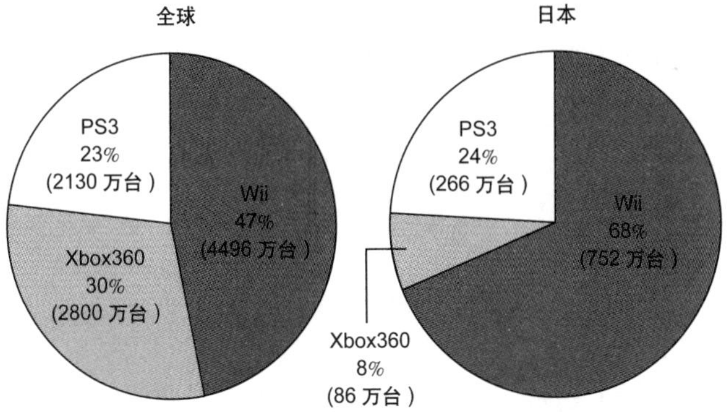

注：截至 2008 年 12 月末的累计销量。

然而，实际战果让人大跌眼镜，战幕一拉开，走在最前面的恰恰就是最不被看好的 Wii。Wii 比 Xbox360 晚一年上市，但是到 2006 年底，其销售速度却是 Xbox360 和 PS3 的几倍。

1983 年，任天堂凭借 Famicom 家庭游戏机[①] 打入了游戏机市场，但是在此后的 10 年间，它在与索尼的竞争中始终处于劣势。

索尼电脑娱乐公司是索尼的子公司，通过 1994 年发售的 PS 和 2000 年发售的 PS2 横扫了整个游戏机市场。索尼希望能继续保持其在电子游戏产业中的领先地位，在 PS3 上投资了 2000 亿日元，对其寄予厚望。

另一方面，微软从 2001 年开始涉足家庭游戏机市场，虽然没

① Family Computer，也简称为 FC，即国内常说的红白机。在美国发售的称为 NES。

有这方面的经验，但资本远比索尼雄厚。2002 年 6 月，微软发布了用以对抗 PS2 的 Xbox。发现 Xbox 不足以对 PS2 构成威胁后，微软马上决定在 5 年内投资 20 亿美元（约合 2500 亿日元），进行下一代游戏机的开发，并且仅用了 3 年半就把 Xbox360 推向了市场。

所以说，这是一次软件巨人全力出击游戏机市场、争夺霸位的战争。游戏机市场的竞争变得前所未有的残酷。

在这样的大环境中，任天堂的 Wii 在上市后仅仅用了 1 年 8 个月，销量就突破了 3000 万台，创造了一项新的销售纪录。之前，PS2 达到这一销量耗时 2 年 2 个月。

截至 2008 年 12 月，Wii 在全球卖出了 4496 万台，约为 Xbox360 的 1.6 倍，PS3 的 2.1 倍。

不过，这场战争还远没有结束。索尼也好，微软也好，都在发动价格攻势，力图夺取任天堂的市场份额，战况随时可能发生变化。

比如，根据美国 IDC 公司的预测，到 2012 年底，PS3 的销量将达到 1.1 亿台，以微弱的优势胜过 Wii 的 1.05 亿台，而 Xbox360 则为 4000 万台，将在这场竞争中彻底败下阵来。

但是从家庭游戏机的发展史来看，如果一种产品能在推出之后短时间内占有大量市场份额，那么它一般会取得最终的胜利。所以，在某种程度上可以说，Wii 已经在这场次世代游戏机的竞争中取得了相当大的领先优势。

在静冈县一家普通住户的起居室中，每天晚上都能看到一家人兴高采烈地玩 Wii，但玩的人不是小孩，也不是年轻人，而是一对 64 岁和 57 岁的老夫妻,他们每天对着电视兴致盎然地玩着“Wii Sports”中的保龄球和网球游戏。

在 2008 年夏天，为了保持身体健康他们又购买了 Wii Fit。Wii Fit 附带了一个叫作“平衡板”的控制器，看上去像一个简单的体重秤，但表面布满了压力传感器。脚一踩上去，传感器就会测量体重和重心位置，感知由肌肉运动引起的压力和重心变化，并通过无线接口传递给游戏里的虚拟人物。这样，游戏里的人物就可以做出和玩家相同的动作了。平衡板可以用来玩滑雪、瑜伽、呼啦圈等游戏。

位于北卡罗来纳州的威库麦德康复中心是美国首屈一指的医疗机构。康复中心的医生对脑中风的患者一面进行传统治疗，一面利用 Wii 的棒球等运动游戏促进病人的康复。用游戏手柄模仿打棒球的动作可以协调身体各个部分，而且游戏本身也很有趣，不会让病人感到烦躁。这种做法在美国的很多康复中心得到了迅速推广。

英国报纸《人物》（*The People*）于 2008 年 1 月以《把 Wii 让给女王》（*Make Way for the Q Wii N*）为标题报道了伊丽莎白女王对 Wii 的着迷。当时还是威廉王子女友的凯特送了他一台 Wii，当威廉王子玩得不亦乐乎的时候，女王过来抢走了 Wii，开始玩起来。王子只能一脸无奈地看着自己的祖母……

Wii的用户群中有很多像这样原来根本就不碰游戏机的人，这种吸引力是PS3和Xbox360望尘莫及的。在Wii面前仍然有这样一个尚未被开拓的潜在市场，“蓝海”的潜力非常巨大。

Wii从NDS那里继承了任天堂扩大游戏玩家队伍的使命，并取得了初步成功。但是要赢得这场以高画质、高性能为特征的游戏机大战的胜利，还有很长的路要走。

任天堂与索尼的10年竞争

任天堂的扩大游戏玩家队伍战略并不是某个人大脑灵光一现的结果，而是任天堂在长期的竞争中摸索确定的。

岩田社长回顾说："我们一直在思索，为什么有些人不管我们的游戏做得多么精彩还是不愿意玩一下？怎样才能让更多的人对游戏产生兴趣？我们一边讨论，一边尝试，同时也在不断地纠正自身的错误。终于在2002年，就是我开始担任社长的那一年，确定了任天堂的扩大游戏玩家队伍战略。"

掌上游戏机NDS能够横空出世，成功扛起扩大游戏玩家队伍战略的大旗，实际上与任天堂在市场竞争中尝到的苦果是分不开的。

任天堂与索尼之间的竞争从1994年拉开序幕。那一年，索尼旗下的索尼电脑娱乐公司发行了第一代PS家庭游戏机。PS的销量超过了1亿台，把任天堂从游戏界王者的宝座上拉了下来，PS

的换代机型 PS2 保持了 PS 的竞争优势。可以说，在任天堂与索尼之间长达 10 年的竞争中，索尼大获全胜。

在这 10 年间，任天堂和索尼在游戏机的硬件性能和画面的精美度方面展开竞争，游戏软件的质量也发生了翻天覆地的变化。不过，两家公司的发展方向却有些不同。

PS 诞生在半导体技术急速发展的时期，游戏主机的性能有了大幅度的提升，画质也从 2D 转变为 3D。游戏软件的存储方式采用了 CD-ROM 形式，存储容量从传统的几兆字节增加到几百兆字节，使得提升游戏的复杂度和可玩性成为可能。

同时，游戏中出现了大段高品质的电影和动画片段，音乐的音质也得到了大幅度的提升。对于已经习惯于电子合成音乐的游戏迷来说，每一项变化都拥有无上的魅力。随着存储容量的增大，游戏舞台也得到了大幅度的扩展。游戏中出场的人物和道具的增多提升了游戏的趣味性。

在这场 3D 战争中姗姗来迟的任天堂在 1996 年 6 月，PS 推出一年半之后，推出了用以对抗 PS 的 Nintendo 64（以下简称 N64）。

N64 拥有可以与当时的高端计算机媲美的处理器、极强的 3D 动画处理能力，在画质上完全压倒了竞争对手 PS。

玩家的视角一旦发生变化，游戏里的景致也会跟着改变，N64 几乎实现了对现实世界的模拟。这令整个游戏业界震惊不已。

然而，之后的事实证明，任天堂推出这款极其优秀的游戏机硬件完全是作茧自缚。

任天堂和索尼的 10 年竞争

	日本国内发售日	销售量 *1（日本国内 / 全球）	日本国内游戏软件销量 *2
PlayStation	1994 年 12 月	2159 万台 *3/ 10249 万台	约 4400 套
Nintendo 64	1996 年 6 月	554 万台 / 3293 万台	约 210 套
PlayStation2	2000 年 3 月	约 2600 万台 *3/ 约 13200 万台	约 4550 套
Nintendo GameCube	2001 年 9 月	404 万台 / 2174 万台	约 280 套

* 1：截至 2008 年 3 月底的销量。
* 2：截至 2008 年 9 月底的销量。
* 3：亚洲范围内的销售量。

N64 的处理能力是 PS 的 4 倍以上。面对这种全新的硬件，以往的游戏软件开发方法完全不适用了，致使游戏软件开发的作业量、周期、投资和风险都成倍增长。

任天堂的这款优秀的游戏机硬件为众多游戏软件开发商设了一个很高的门槛，甚至可以说是壁垒。

当然，受到困扰的不单单是任天堂，索尼也面临着同样的问题。但是 PS 的性能远没有 N64 那么高，同时索尼也做了充分的准备，煞费苦心地为 PS 的游戏软件开发提供了良好的开发环境。最终大量的第三方游戏软件开发厂商难以操纵 N64 的“怪力”，放弃了对 N64 的支持，转投到 PS 门下。著名的游戏公司 Square Enix 也选择脱离任天堂，他们带着划时代经典之作“最终幻想 7”转到了 PS 阵营。

N64 和 PS 之间的差距不断扩大。

截至 1997 年底，也就是 N64 上市一年半之后，支持 N64 的游戏只有 50 多款。与之相对，PS 拥有的游戏数量超过了 1000 款，可以说，索尼已经独霸了几乎所有的市场份额。之后，索尼借此良机推出了后继机型 PS2。与 PS 相比，PS2 在音质和画质上都有了显著改善，同时采用 DVD 作为存储媒介，并且具有 DVD 影碟播放功能。

另一方面，任天堂的 N64 在日本只卖出了 554 万台，在全世界也只卖出了 3293 万台。任天堂被迫放弃 N64，开始开发新机型。

危机感——被抛弃的游戏

2000年8月，索尼的家庭游戏机PS2上市已有5个月，因为销售火爆，各地纷纷传来PS2断货的消息。与此同时，任天堂的新一代家庭游戏机也上市了。这款内部代号为海豚（Dolphin）的游戏机在上市时被命名为“任天堂GameCube”，这款游戏机外形不同于N64，显得小巧可爱。

主持任天堂硬件开发的是当时的统合开发本部的本部长竹田玄洋。

竹田以“N64的反省”为开场白宣读了GameCube的发布词。说是对前作的反省，实际上不乏对于能开发出如此高性能硬件的自负。

N64一味追求高层级的硬件性能给游戏软件开发带来的痛苦，就连任天堂自己的开发人员也无法承受。1996年6月发布N64的时候，能玩的游戏只有两款。到1996年底开始促销的时候，能玩的游戏还是只有那两款。这充分说明了 N64 给软件开发出了一个多么大的难题。

所以任天堂在设计 GameCube 的时候，更多地考虑的是软件开发的难度。

同时任天堂放弃了传统的卡带，GameCube 使用专用光盘作为存储介质。这种光盘采用松下公司专利技术，直径约 8 厘米，比一般的 DVD 小。这种做法降低了游戏软件开发的成本，N64 的游戏软件价格平均在 9800 日元左右，而 GameCube 降到了 6800 日元，已足以与 PS 的游戏软件抗衡。

对 N64 进行了彻底反省之后推出的 GameCube 延续了 N64 “专注于游戏乐趣”的方针。这也是使用容量较小的 8 厘米专用光盘的原因。

与之相对，PS2 搭载了当时刚刚开始普及的 DVD 播放功能，更多的是强调其作为家电的多功能用途。

对此，竹田评论说：“GameCube 是游戏机史上最杰出的作品。同时，我们并不像其他公司那样，有染指其他家电领域的意图。”

但令人遗憾的是，这款“史上最杰出的作品”在市场上的表现比 N64 更为低迷，根本就没有资格成为 PS2 的竞争对手。

GameCube 在日本的销量是 404 万台（N64 的销量为 554 万台），在全世界的销量是 2174 万台，成了任天堂销售史上的最低纪录。

而 PS2 在发售之后的两年多时间里在日本卖出了 1000 万台，

在全世界卖出了 3000 万台。到 2005 年末，全球销量一举突破了 1 亿台。

岩田聪社长说：“任天堂内部至今还在讨论 GameCube 的设计思想和市场表现。GameCube 比 N64 的硬件性能更为强大，相应的软件开发也变得非常轻松，但最终还是失败了。我们当年忽略了一个更为重要的因素。”

确实，GameCube 本身是一款很优秀的硬件，很多设计思想被后来如日中天的 Wii 完完整整地继承了下来。虽然游戏机本身的销量很低，但当时 GameCube 的游戏软件数量已经达到了 280 款，远远高于 N64。

PS2 的发售是任天堂和索尼之间第二轮竞争开始的标志。不过从那一年起，日本国内的游戏软件销售量开始下滑，呈现出了从未有过的颓势。

根据日本社团法人计算机娱乐协会（CESA）的统计，在 2000 年一年间，日本国内 PS2 游戏机的销售额是 1892 亿日元，超过了前一年的 2 倍，但游戏软件的销售额仅为 2931 亿日元，同比下降了 11%。GameCube 也一样，发售翌年的销售额比发售当年下降了 10%。

很多游戏界从业者都认为这是游戏机更新换代造成的暂时现象：不就是游戏软件卖得稍微少了点吗，PS2 游戏机本身可是卖得火爆异常啊！

然而，岩田却不这么认为。

"现在已经很少能看到那种吵吵嚷嚷地要买一堆游戏软件的人了，再加上其他种种迹象，我认为现在有时间和精力或者说对游戏有兴趣的人正在不断减少。"

2002年，岩田就任任天堂的社长，开始主导任天堂的命运。他上任以后做的第一件事就是客观冷静地分析游戏产业到底发生了什么。

结论就是，人们正在不断地离游戏而去。

"综合各种现象，无论从哪个角度考虑，玩游戏的人都在不断减少。孩子们玩游戏的人数比例虽然没有下降，但是放弃游戏的时间却提前了。以前，不管是小孩还是上班族，大家每天都能有一些自由时间，回到家轻轻松松地干点什么，但是现在，在全社会范围内，这种放松时间越来越少了。

"我们拼命想要开发出堪称完美的游戏，但是对于那些平时就不会在游戏上花费时间和精力的人来说，无论什么样的游戏都没有区别，换来的只是他们默默地转身离去。我们越是思考就越是感受到这个问题的严重性。"

在岩田接触到的人中，玩游戏的人也越来越少。比如，他曾经问一个来采访的记者："最近玩过什么游戏吗？"

面对顶尖游戏公司的社长，那位记者难为情地挠挠头："以前倒是一直玩来着，现在……"

岩田认为，虽然游戏画面越来越漂亮，3D游戏越来越多，游戏内容也越来越丰富，但是游戏业界的从业者和广大玩家的视点

日本国内游戏市场的变迁

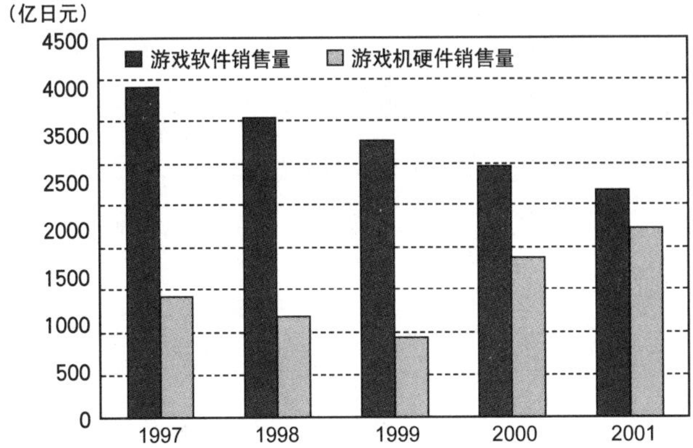

并不一样。在业内获得好评的游戏不一定能满足玩家的需求。

至于 PS2 热卖的原因，岩田的分析是：很多人根本不把 PS2 当作游戏机，而是当作 DVD 机来使用！ PS2 的售价是 39800 日元，这个价格在游戏机中算是昂贵的了，但仅仅为当时 DVD 机价格的 1/3 ~ 1/2。以这个价格购买到的 PS2 不光可以看 DVD，还可以玩之前 PS 机的游戏[1]，所以 PS2 的游戏软件销量在下降，但硬件却依然热卖……

就这样，岩田初步确定了任天堂日后的发展路线。

2003 年 9 月，在千叶县的幕张国际展览中心，亚洲规模最大的游戏商品展览会“2003 年东京电玩展”开幕。

① PS 的游戏可以直接在 PS2 上玩，是通用的。

任天堂社长岩田发表了讲话，回顾家庭游戏机 20 年的历史并展望了游戏产业的未来。

岩田表示，游戏市场正面临着游戏玩家减少的挑战。这是任天堂的高层首次向外界公开所面临的危机，同时他宣布，任天堂会正面迎接挑战，将扩大游戏玩家队伍作为此后的战略目标。

就这样，在岩田就任社长 1 年之后，任天堂最终确定了未来的发展基调。

与之同时，任天堂已经开始为市场反攻做准备——新一代游戏机 NDS 进入了试验阶段。

第二章

NDS 与 Wii 的诞生

重要的不是次世代的技术，而是革命性的崭新的游戏体验。技术力量并不是最重要的东西。

——岩田

在餐馆诞生的 NDS

2003 年春天的一天，任天堂的社长岩田聪和信息开发本部的本部长宫本茂一起去总部旁边的意大利餐馆用餐。这是岩田非常中意的餐馆，位于一家高尔夫练习场的二楼，味美价廉。

当时两人正在为最新的掌上游戏机的设计理念烦恼。

任天堂在与索尼的 10 年竞争中一直处于劣势，靠着掌上游戏机 Game Boy 才苦撑了下来。关于如何开发新一代掌上游戏机，前任社长山内溥只留下了一句话——“有两个画面的话应该不错”，就把任天堂交给了下任社长岩田，退休了。

但是，不管岩田和宫本怎么思考，都觉得设计两个画面是件很棘手的事情。

这天点菜的时候，宫本突然有了灵感，一句话解决了这个难题：

“如果把一个画面做成触摸屏，不是很有趣的设计吗？”

虽然任天堂的N64和GameCube在家庭游戏机市场的销量一直低迷不振，但Game Boy绝对是掌上游戏机市场的霸主，凭借着“口袋妖怪”系列游戏长盛不衰。2001年发售的加强版Game Boy Advance，更是势如破竹，从来没有遇到竞争对手。

可是就连如此强势的Game Boy也出现了软件销量下滑的现象。

为了扭转游戏玩家越来越少的局面，新型游戏机和游戏软件的开发成了一件刻不容缓的大事。

对岩田而言，最不可缺少的就是宫本茂的力量。

宫本是任天堂信息开发本部的本部长，任天堂的灵魂人物，他主持开发的“超级马里奥”系列游戏奠定了任天堂Famicom家庭游戏机的霸主地位，他也被誉为“马里奥之父”。宫本主持开发的另一款游戏“塞尔达传说”是世界上首款角色扮演游戏（RPG），成为后世角色扮演游戏的范本。

岩田和宫本讨论的第一个问题就是“为什么有的人始终不愿意碰一下游戏机？为什么原本玩游戏的人会弃游戏而去？我们到底丢失了什么？”

首先，现在的游戏有复杂化的倾向。例如，近年来，游戏机的手柄越来越复杂，除了多支控制杆外，还有大大小小的按钮，着实令不少人却步。同时，游戏难度变大了，玩游戏慢慢变成了一项需要高技术能力的事情。新手和老玩家之间的差距在扩大，新手获得的乐趣在减少，所以有的人一看到复杂的游戏就退缩、甚至是敌视。

其次，关于游戏主题。像超级马里奥这样的冒险游戏固然不错，但也总有一天会让人厌倦，而融入了生活的游戏、选择一些与人们日常生活相关的主题，说不定可以吸引那些平常不玩游戏的人。

岩田和宫本也确定了新一代掌上游戏机的设计理念：两个显示屏中的一个作为主画面使用，另一个则做成触摸屏，为大家提供一种更直观的输入方式。

2003 年夏天，宫本拎着一个外形古怪的东西找到了岩田。

那是一台在当时的上班族中颇为流行的“口袋电脑”。

口袋电脑可以用手指点击屏幕上面显示的键盘或者直接手写输入文字，可以发电子邮件，也可以进行日程管理。

只不过这台口袋电脑已经经过了一些加工。长方形的屏幕正中贴着一条像是纸条的东西，把屏幕一分为二，上方的屏幕显示着马里奥的身影。通过点触另外一半屏幕，可以轻松地让马里奥蹦蹦跳跳，四处奔跑。

这种简约的操作风格让岩田喜形于色：

“这东西真不错啊！”

就这样，NDS 的原型确定了下来。

几个月前，在家庭游戏机市场上大获全胜的索尼电脑娱乐公司宣布，他们将要向掌上游戏机市场发起冲击。

2003 年 5 月，在美国举行的 E3 电子娱乐展（Electronic

Entertainment Expo）上，索尼电脑娱乐公司的社长久多良木宣布："我们即将迎来 PlayStation 家族的一位新成员——PSP，一款便携式的 PlayStation。" PSP 采用了索尼独有的被称为"UMD"的小型光盘，是第一款用光盘作为存储介质的掌上游戏机。PSP 有两块 CPU（中央处理器），拥有和 PS2 相同的图像处理功能。

久多良木预告，"索尼电脑娱乐公司会在来年的 E3 电子娱乐展上进行 PSP 的实机展示，并且会在来年年底开始在全世界发售""PSP 除了能玩游戏，还能看电影、听音乐，是 21 世纪的 Walkman"。

PSP 的预告造成任天堂股票价格大跌。任天堂在家庭游戏机市场的惨败让投资者对其前景大为不安。

但是岩田丝毫不为所动，在一条与追求硬件性能的索尼截然相反的路上疾驰。

2003 年 8 月，任天堂召开了经营理念说明会，岩田没有透露与 NDS 相关的一切细节，只是向与会记者和游戏业界的分析家们宣告："任天堂正在开发一款前所未有的产品，一款能让所有人轻轻松松获得快乐的产品。"

2004 年 5 月，任天堂的 NDS 出现在 E3 电子娱乐展的会场。这是任天堂实施扩大游戏玩家队伍战略后的首款游戏机硬件产品，也是从未有过的设计，整个会场为之沸腾。

"我们的前进方向丝毫没有错。"此时，自信满满的岩田又把精力转向了另外一款贯彻任天堂理念的机型。

Wii 的“母亲至上主义”

2003 年上半年，岩田聪社长一方面和宫本茂投入研发有两个显示屏的掌上游戏机，另一方面也在与整合开发本部的另一位高层竹田玄洋交流下一代家庭游戏机的设计思路。

竹田参加了从任天堂 Famicom 到 GameCube 所有硬件的开发，是任天堂家庭游戏机硬件开发项目中的灵魂人物。

“竹田，请千万不要再开发更高性能的游戏机了。”

“……是，明白。”

在外人看来，这是一个有悖于常识的决定。

随着计算机技术的飞速发展，游戏机硬件也发生着日新月异的变化。CPU 和图形处理器的速度越来越快，开始采用 DVD 等新兴的存储媒介，为游戏机配备无线网络设备……参与竞争的各家公司都在追求最新的技术，力图在游戏机的性能上压倒对手。

游戏机应该追随着最前沿的技术不断进化，这已经成了游戏业界的一个常识。

任天堂也不例外，N64 就汇聚了当时最先进的技术成果，即使是作为 N64 反省作品的 GameCube，也在追求当时最前沿的技术。GameCube 应用的技术比 N64 要先进 5 年，而新一代家庭游戏机 Wii 是在 GameCube 问世 5 年后推出的，应该采用比 GameCube 更为先进的技术才合理。

但是，岩田彻底否定了以技术进化为出发点开发 Wii 的想法，他选择了一条从来没有人走过的路：从家庭成员的喜好出发开发新机型，也就是任天堂所谓的“母亲至上主义”。

孩子玩完游戏后不收拾游戏机，对游戏过于着迷，家里已经有好几台游戏机了孩子还想要买新的……再加上母亲们本来就对游戏丝毫不感兴趣，这些都会让她们觉得游戏机纯粹是给自己添麻烦的东西。

所以，如果不能让所有家庭成员都喜欢游戏机的话，就无法实现扩大游戏玩家队伍的目标。

母亲们不喜欢高性能，所以以新技术、高性能为目标进行设计没有任何意义。那么母亲们喜欢什么，讨厌什么呢？以母亲的好恶为基础进行设计，做一款让所有家庭成员都无法讨厌的游戏机就是 Wii 的设计起点。

与同时代的竞争对手相比，Wii 的硬件体积非常小，上表面的面积比其他机型小了一多半，体积是 PS3 的 1/6，Xbox360 的 1/5。

这是岩田为 Wii 定下的一个硬性要求。

据说，有一天岩田、宫本和竹田正在开会讨论“不追求性能，要追求母亲们的满意”，岩田突然说了句“稍等”就奔向了社长办公室。他拿回来一个常见的装DVD光盘的盒子，说：“新一代的家庭游戏机，体积必须控制在这个DVD盒子的2～3倍。”

各家公司为了追求性能，游戏机的硬件体积都在不断增大，而现在岩田却提出，新一代游戏机的体积要比最古老的任天堂家庭游戏机Famicom还要小。

岩田认为，从“母亲至上”的观点来看，游戏机的体积是一个非常重要的因素。

每位打扫客厅的母亲估计都曾经为交错杂乱的电线和散落的控件抓狂。体积足够小，游戏机就能塞进客厅各种影音设备之间的“缝隙”当中。

要缩小体积，就必须用心设计，减少游戏机的散热量，以节省用电量，最终降低电费。散热量得到控制，就不需要很大的风扇来为机体降温，那么游戏机的噪音也会降低。

高性能和节省空间、省电、静音是相互矛盾的。对于追求扩大游戏玩家队伍的任天堂来说，如何选择显而易见。

但是，一般没有哪个开发人员会拒绝技术革新带来的诱惑。当时索尼也正在开发新一代的家庭游戏机PS3。PS3最大的卖点之一就是具备可以媲美高性能计算机的处理能力。索尼独立开发的PS3核心处理器中集成了9个核心。

微软的Xbox360也搭载了和IBM合作开发的“PowerPC”处

理器，性能是上一代游戏机的数倍。

与竞争对手相反，任天堂走上了一条截然不同的路。虽然岩田确信，在游戏玩家减少的背景下，单纯追求游戏机的性能是没有任何未来可言的，但是以竹田为首的硬件开发团队对此不可能一点都不在意，很多人心存疑虑。

“这么做真的好吗？有点像赌博。一旦得不到市场的认可，那么我们连一点翻身的机会都没有了。”

不过，竹田还是很快就下定了决心，根据既定理念前进。

但是开发人员随即发现，要完成岩田下的任务并不是一件容易的事情。

游戏机的开发流程实际上和笔记本电脑、手机的开发流程差不多。

缩小硬件体积给设计带来了很多挑战，复杂程度就好比是台式电脑向笔记本电脑的转变，同时它还带来一个不利因素，就是成本的上升。节省空间、省电、静音，同时控制成本，对开发人员来说都是很大的挑战。

岩田带领团队从最耗电的 CPU 入手，开始了硬件的研发。

既定的开发方针是不追求高性能和降低能耗，因此新一代游戏机沿用了 GameCube 的基本设计。不必改变基本构造，就可以在新游戏机上直接玩 GameCube 的游戏。就像是在 PS2 上面可以直接玩 PS 的游戏一样，对玩家有一定的吸引力。

硬件开发团队的首要目标就是在保持与 GameCube 相同的处

理能力的前提下，尽可能降低耗电量。

对于半导体元件来说，在面积相同的芯片上，电路之间的距离越短，性能就越强。芯片面积越大，散热量就越大。

对于任天堂来说，为了降低 CPU 的能耗，就必须要想办法缩小 CPU 芯片的面积。

当时是 0.18 微米技术盛行的时代，GameCube 采用的就是 0.18 微米的设计。但是，美国的 Intel 和 IBM 等主要的半导体厂商，已经推出了 0.09 微米的半导体技术，并且即将应用于 CPU 等硬件设备中。

任天堂及其竞争对手都打算在新一代游戏机上采用这种技术，但他们的研究方向却大相径庭。竞争对手的研究目标是"在体积不变的情况下将处理器的性能提高几倍"，而任天堂的研究目标是"在性能不变的情况下，将 CPU 缩小到原来的几分之一，同时将耗电量减少到原来的几分之一"。

对能耗的研究不只限于 CPU，游戏机的图形处理器，无线网络设备等各个组件无一不受影响。最后的结果就是，"把游戏机的硬件缩小到两三个 DVD 光盘盒子那么大"这一貌似玩笑的要求还是有可能实现的。

岩田得知这一消息后，进一步增强了对新一代家庭游戏机的信心，并且向外界进行了预告。

2004 年 6 月，也就是掌上游戏机 NDS 在 E3 电子娱乐展亮相一个月之后，岩田在任天堂的经营理念说明会上，向媒体披露了研发新一代家庭游戏机的消息。

"重要的不是高新技术，而是革命性的崭新的游戏体验。技术力量并不是最重要的东西。就像之前的NDS一样，任天堂新一代的家庭游戏机不是在现有游戏机的基础上修修补补，它绝不是这种意义上的延伸，而是彻彻底底的革新！这款新游戏机的内部名称就是'Revolution'（革命，即日后的Wii）。"

NDS带给人们的是一种全新的体验，谁都可以轻松上手，欲罢不能，和人们第一次接触家庭游戏机的感觉一样。这是在扩大游戏玩家队伍战略的指导之下，岩田带给世界的第一份礼物。那么接下来的新一代家庭游戏机能否如岩田所愿带来一场"革命"？距离答案揭晓还有半年时间。

让人感到亲切的游戏手柄

和掌上游戏机 NDS 一样肩负着扩大游戏玩家队伍使命的新产品"革命"——也就是后来的 Wii——就像其名字一样，被任天堂寄予厚望，希望它能给游戏界带来翻天覆地的变化。

NDS 凭借触摸屏等操作简化的用户界面，拉近了游戏和普通人之间的距离。新一代的家庭游戏机"革命"也必须继承这一设计思想。

"革命"游戏手柄的设计理念从一开始就已确定：无线和不让人感到畏惧。

岩田聪和宫本茂讨论的时候，最先浮现在脑海中的就是所有家庭成员都会用的电视遥控器。

不玩游戏的人肯定不会去碰游戏手柄，而且大多数不玩游戏的人都觉得游戏手柄和游戏机之间的连线很碍事，一发现就会马上把它们收起来。但是一般来讲，没有人觉得电视遥控器碍事，也没有人会成天想着要把电视遥控器收起来。所以制作无线游戏手柄是绝对必要的。

新的游戏手柄一定要做成让所有人都感觉很亲切的样子。当时市面上流行的很多游戏手柄都设计得非常复杂，在传统的十字键的基础上又加了一些疙疙瘩瘩的按钮，除了上表面，侧面也有按键。很多新手一看到这样的游戏手柄就发怵，觉得操作起来太难了。

所以，简化游戏手柄势在必行。岩田认为，新产品最好像 NDS 一样能够进行最“直观”的操作。宫本和竹田也非常赞同这种想法。

也就是说，必须摒弃传统的设计思想。

2004 年，新游戏手柄的研发正式启动。当时岩田正专注于开发 NDS，所以手柄开发团队由宫本领导。竹田则带领另一个团队甄选各种可能会用到的传感器和相关技术，宫本的团队负责用竹田提供的传感器和技术试做手柄。

各种各样的实验手柄诞生了，但马上就被否定了。

“这东西不会有人愿意用的……”宫本拿着一个大个儿的椭圆形游戏手柄苦笑。这个游戏手柄中间有一个星形按钮，周围有 3 个小按钮，里面装配了一种对加速度很敏感的传感器，玩家可以通过前后左右倾斜控制器来控制游戏。这个作品是橙色的，被开发团队戏称为“切达奶酪”。

这个游戏手柄确确实实达到了岩田的要求：设计简单，容易上手，功能也没有问题。但是外观实在是让人无法恭维。另外，这项设计也遭到了软件制作人员的反对，理由是不适合玩超级马里奥和塞尔达传说等任天堂出品的经典游戏。宫本每两个月会召集大约40位游戏软件开发人员，对游戏手柄进行一次评估。

另外，他们也尝试过类似NDS的“触摸”式游戏手柄。

从表面上看，这同样是个很简单的游戏手柄，长方形游戏手柄屏幕中的按钮类似于传统游戏手柄，可以用手点击操作，就像是笔记本电脑的鼠标一样。

自然，这种想法也被否定了，毕竟这只是一种换汤不换药的设计，没有解决根本问题。

越来越多的样品被“枪毙”，就在整个开发小组开始抓狂的时候，竹田的一个想法拯救了大家。

“喂，来试试看这东西怎么样。反应很灵敏呢。”

2004年末，也就是游戏手柄设计正式开始半年之后，竹田利用一种照相机零部件做出了一个新的样品。

这种零件就是广泛用于摄像机和照相机中的影像传感器CMOS。只要在电视画面附近固定两个点光源，然后利用CMOS摄影，就能够得知手柄正向着哪个方向移动，如何移动。

一般的摄影机每秒钟大概可以拍摄30～60帧，对于人眼来说，这种速度已经足够了。但是要判断快速移动的游戏手柄的动向，一般的摄影速度就远远跟不上了。针对这一点，竹田提出，可以只拍摄两个固定的点，这样摄影速度就能提升到每秒200帧，把拍摄到的信息传输给游戏机主机，由主机通过计算判断出游戏手柄的动向。

“这样就可以追踪快速移动的手柄了。”

“玩家只要一动，画面马上就会随之变化，令人产生身临其境的效果。”

“在这个雏形上加一个简单的插件，就能玩之前出品的所有经典游戏了。”

……

开发小组沸腾了，交口称赞。

游戏手柄的外形问题也自然而然地解决了。既然要一直对着电视使用，开发小组就把它做成了像电视遥控器一样的长方形，然后在内部安装上速度传感器，这样就能感知到游戏手柄的倾斜、晃动等各种动作。设计者在按键的配置上花了很多心思，使游戏手柄不管是竖着拿还是横过来用都很顺手。

游戏手柄开发小组面前的迷雾消散了，各种难题迎刃而解。

岩田曾经说过要“做成类似电视遥控器的东西”，经过了半年的试验，最后还真的做出了一个“电视遥控器”。

这样一来，能够进行直观操作的家庭游戏机 Wii 就顺理成章地诞生了。

这是史上首款把游戏手柄做成遥控器样式的游戏机，从来不玩游戏的中老年人也很容易上手。

游戏手柄确定之后，Wii 的开发团队把设计目标从“不被家人讨厌的游戏机”提升到了“全家人都愿意玩的游戏机”，开始专注于游戏机主机的开发。

每天都有新的内容

2005 年 5 月，距离 E3 电子娱乐展的召开只有几周时间了，社长岩田聪终于确定了任天堂的展示内容。

既然在一年前已经对外发布过关于新型家庭游戏机的消息，那么“革命”就必须亮相了。虽然还没有彻底完成，但是游戏主机的雏形已经完工，游戏手柄也大体制造完毕。宫本还开发出了钓鱼、网球等几个简单游戏的演示版，可以赶在 E3 电子娱乐展上展示。

当时，任天堂的掌上游戏机 NDS 已经在与 PSP 的交锋中占据了优势，饲养宠物犬的游戏任天狗也逐渐风行起来。岩田对扩大游戏玩家队伍战略的信心进一步加强了，同时也对家庭游戏机 Wii 的市场表现寄予厚望。

但是岩田心中还是有些许犹豫，虽然主机和手柄都大体确定了，但他还是不想过早披露 Wii。

“不给妈妈添麻烦”“让人容易上手”“每个家庭成员都不讨厌”……

Wii 基本上实现了开发前期定下的这些指导思想。

但是岩田并不满足。

“用液晶电视做显示器的家庭游戏机只能做掌上游戏机做的事情是绝对不够的。家庭游戏机的体积远远大于掌上游戏机，它存在的意义和魅力究竟是什么呢？我们对此进行了相当长时间的讨论。”

在 2005 年初，游戏手柄的开发告一段落。岩田给宫本和竹田留了一个便条。

“希望以后能让电视增加一个‘Wii 频道’。”

岩田已经不满足于人们只在玩游戏的时候才想到游戏机。Wii 不应该像 NDS 那样只能用来打发琐碎的闲暇时间，而是应该吸引人们长时间开着 Wii 的电源，让电视增加一个 Wii 频道。

客厅里的电视是所有家庭成员共有的，有儿童节目也有适合大家一起看的节目。如果大家想看的节目时间冲突了，那家庭成员之间就多多少少会有一些小争端，去抢遥控器。在岩田看来，这就是 Wii 存在的意义——让 Wii 频道成为一个所有家庭成员都想看的频道，争抢游戏手柄。

岩田的大脑中经常会出现这种让开发人员挠头的想法。不过，这次竹田给出了一个让人满意的答复：“让 Wii 每日更新。”

只要能连接到互联网，Wii 就会自动下载最新的信息，比如最新的天气预报、新闻速报以及其他用户可能感兴趣的信息，当然也包括 Wii 新发布的游戏。“每天都是新的 Wii”。

这样的话，就需要在 Wii 的主机中嵌入必要的软件。而在此之前，所有游戏机的硬件开发和软件开发都是分开进行的。

2005 年 10 月，岩田组织了一个号称任天堂历史上跨度最大的跨部门联合开发团队。他从公司各部门精选了 25 个人，组成“主机机能开发小组”。

这个团队的任务就是设计 Wii 的启动画面。

大家都希望 Wii 能尽可能多地显示各种信息，Wii 的内置软件、下载软件、新闻、天气预报、用户定制的信息……这一堆东西到底应该如何组织呢？

在家电商场里，电视机都陈列在一起，这给开发小组带来了灵感。传统的游戏机都是一插入游戏软件就马上自动启动游戏，游戏占据了整个屏幕，而主机机能开发小组把包含游戏在内的所有画面一起列在了首页，供用户选择。

岩田看了说：“这看起来还真像是电视频道。”

接下来，主机机能开发小组为 Wii 增加了很多有益于促进家庭成员沟通交流、能吸引所有家庭成员使用 Wii 的机能。其中最成功的是“Wii 留言板”，它的外观就像是用图钉固定在板子上面的便笺纸，母亲们可以用它给孩子留言。

Wii 留言板还可以自动生成游戏记录，显示一共玩了多长时间，游戏得分，等等。应岩田的强烈要求，这些自动生成的记录无法删除，可以帮助母亲们控制孩子玩游戏的时间，避免他们上瘾。

本来岩田还希望给 Wii 增加自动关机功能，自动关机的时间由家长设定。这种想法出自一个游戏公司社长，简直是匪夷所思。岩田坚持认为，游戏应该为促进家庭氛围融洽做出贡献，而不应单纯地盯着销量。

除了留言板，Wii 还有一些供所有家庭成员一起娱乐的功能。

比如，“照片频道”可以一边看数码相机拍摄的照片，一边欣赏音乐；“肖像频道”可以做出自己或者家人、朋友的肖像画，还可以把游戏里的角色头像换成自己做的肖像画。

另外，还有能随时更新新闻和天气预报的“Wii Connect24”功能。这项功能最出色的地方就是即使关闭游戏机的开关，也能继续从互联网收集信息。

竹田带领的技术团队为了这项功能，费了不少工夫，把耗电量降到了最低，保证游戏机能连续 24 小时待机。

Wii 本来就在节省空间、省电方面做过很大的努力，现在又进一步要求实现 24 小时待机，这对技术人员来说，是一个相当大的挑战。

Wii 的设计原则就是不让母亲讨厌，所以大家对待机功能的认识就是尽可能地降低功耗，从而降低风扇的转速以减少噪音。不过，岩田却要求：“晚上待机的时候，严禁风扇工作！哪怕风扇发出一点点噪音，母亲们都有可能把电源拔掉。”只要是对电子技术有一定了解的人都会觉得这无异于天方夜谭，但是竹田的团队最终还是达到了这一要求。

Wii 的所有部件中对降低功耗贡献最大的就是 CPU。Wii 的 CPU 处理能力超过了 GameCube 两倍，但面积却不到 GameCube 的一半，被压缩到了 18.9 平方毫米，耗电量大幅降低。和 Wii 同时代的 PS3 的 CPU 面积为 228 平方毫米，是 Wii 的 10 倍还多，消耗的电量也在 Wii 的 10 倍以上。

CPU 的改进再加上其他许许多多的努力，Wii 终于实现了在待机时只保持网络通信、风扇停转的要求。待机时消耗的电力相当于功率最小的电灯泡消耗的电力。

根据计算，Wii Connect24 功能消耗的电量为每小时 9 瓦，按照日本全国电力公司的平均单价（1 千瓦时 22 日元）来计算，一年的电费约为 1730 日元。每天用 Wii 玩 5 个小时的游戏，一年的电费约为 2000 日元。与之相比，PS3 和 Xbox360 在相同条件下花费的电费是 Wii 的 4 倍。

2006 年 5 月，任天堂在 E3 电子娱乐展上向全世界揭开了 Wii 的全貌。

最先登上演讲台的是手持 Wii 游戏手柄的宫本。这种通过挥舞游戏手柄来玩游戏的方式一瞬间吸引了所有观众的眼球。

之后登场的是岩田，从游戏手柄到 Wii Connect24，逐项进行详细说明。

这两位天才人物换来的是观众经久不息的掌声。

第三章

岩田聪与宫本茂——“禁欲”式的管理

我的名片上虽然印着“社长”两个字……但我就是一个普普通通的游戏开发人员……其实我心里更多地只是把自己当作一个狂热的游戏迷而已。

——岩田

和我们做的游戏相比，好像还是发短信更有意思一些……我们做个游戏，比比看全日本谁发短信的速度最快，肯定会大受欢迎吧。

——宫本

胜不骄

2008年6月27日上午10点，五百多名股东聚集在京都任天堂的总部7层，参加2007年度的股东大会。

简短的监察报告宣读完毕之后，社长岩田聪做了2007年度的业绩报告。销售额、纯利润等各项数据都创下了历史最高纪录。家庭游戏机Wii的业绩不断上涨，掌上游戏机NDS也势头不减，软件销量突破百万。

面对完美的业绩，岩田没有丝毫的自满，一如既往地沉着冷静。

“现在，公司内部最大的危机就是自高自大的情绪在不断蔓延，对任天堂来说，最重要的就是纠正这种风气。”

任天堂从岩田就任社长以来展开的扩大游戏玩家队伍战略无疑是成功的，给公司带来了巨大的收益。人们都认为，这是岩田作为一名优秀的企业战略家为公司带来的成功。

也就是说，岩田很早就认识到，如果任天堂陷入与索尼和微软的激烈竞争中，就没有任何优势可言，所以放弃了对既有市场的争夺，转而在不玩游戏的普通人中开辟新的市场。岩田的远见卓识是任天堂成功的最主要因素。

但是岩田自己并不这么看。

“人们都认为Wii能获得成功，是因为我早早地预见到了市场的动向。实际上，我根本没有这种能力。能获得成功不是因为‘知道结果是正确的所以朝那个方向努力’，而是因为‘做正确的事’。我也不例外，我相信我为任天堂定下的方向是正确的，我也相信沿着这个方向前进总会有成功的那一天，只是我没想到会这么快。NDS和Wii会以怎样的速度普及，事前无法预料。如果我说‘早就知道会这样’是很威风，不过事实并非如此。”

对任天堂来说，这个正确的方向就是扩大游戏玩家队伍，做出让全家人都喜欢的游戏机。

不管取得了多么大的市场收益，这一战略思想都不会改变。

Wii是任天堂第一款配置了完备的互联网功能的家庭游戏机。相对于传统游戏机来说，它有一个很大的获利优势——Wii频道。用户可以在Wii频道中自定义多达48种服务，比如新闻、天气预报、电视节目表等。Wii频道已经完全超越了游戏机的范畴，更像是一个门户网站。

截至2008年12月，Wii在日本的销量达到了780万台，其中有40%连接了互联网，也就是说，Wii成了一个拥有310万受众的电视台。从世界范围来说，这个数字达到了1800万台，恐怕世界上没有哪个电视台会拥有如此庞大的观众群。

对于所有媒体而言，受众的数量都是和收益直接挂钩的，所以很多企业都开始打Wii频道的主意，希望能占据一席之地。第一家涉足这一领域的是富士胶片。

2008年7月，Wii增加了一个“Wii网络照片冲洗频道”，可以读取SD卡里面的照片，通过互联网发送到富士胶片进行冲洗。当然，除了洗照片外，这个频道还有一些其他的功能，比如为超级马里奥的游戏人物制作相册，把自己利用Wii做的肖像画印到名片上，等等。

像富士胶片这样希望利用Wii发展电子商务活动的企业还有很多。

“母亲们一定希望能通过Wii获得当地超市特价品的广告”;“如果能用Wii下订单购买各地当季土特产的话，一家人都会很高兴的”……

大型连锁便利店Seven & i Holdings、最大的网络商店乐天等多家企业纷纷表示了对Wii的浓厚兴趣。可以说，Wii商机无限。如果再考虑到投放广告，那么广告费又是一笔惊人的收入。

但是，岩田把所有这些提议都挡了回去。

“Wii频道不应该承担太多的附加功能。确实，我们可以利用Wii频道为公司创造出更多的价值，但这无异于杀鸡取卵。Wii应该只为游戏而存在。”

毕竟，Wii 的“本职工作”就是吸引所有家庭成员坐到游戏机前面。

Virtual Console 是任天堂提供的一种付费的游戏下载服务。只要花 500 ~ 1000 日元，就可以玩 Famicom、N64 以及其他旧机型上的游戏。截至 2007 年年底，也就是 Wii 上市发售一年以后，Virtual Console 的下载量达到了 780 万次，销售额约 35 亿日元。

之后仅仅过了 3 个月，任天堂就通过 Virtual Console 又赚了 35 亿日元。

实际上，Virtual Console 的开发初衷并不是为了盈利，而是单纯地从“游戏机不应该被家庭成员讨厌”这一想法出发的。

除了 Wii 以外，任天堂的所有家庭游戏机之间都不具备兼容性。旧的游戏软件只能在旧型号游戏机上玩。这样摆在电视机前的游戏机会越来越多，引起母亲们的反感。正是基于这一考虑，任天堂才开发了 Virtual Console。

在 Wii 的开发初期，岩田曾经和竹田玄洋半认真半开玩笑地说：“你觉得给游戏机安装 6 个接口，让它能支持所有形式的卡带怎么样？”

竹田从此就开始头疼，“社长这么说到底是不是认真的？这个想法该怎么实现？”

实际上，岩田确实希望 Wii 具有一定的兼容性，但是所谓的 6 个接口只是在开玩笑，总不能把 Wii 变成怪物吧。最终的实现方法就是为 Wii 做一个虚拟机，利用网络下载的方式让 Wii 支持几乎所有的游戏软件。

其实，很多已经远离了游戏机的成年人心底仍然对 Famicom 时代怀有深深的眷恋，有些人还对没能拥有一台 Famicom 感到遗憾。Virtual Console 的出现让这些人得到了很大的满足，也造就了 Virtual Console 庞大的用户群。

Virtual Console 的市场表现出乎人们的预料，但是对岩田来说，出现这一结果是必然的，只不过比预想的快了一些。

不为眼前利益所动，无论顺境，还是逆境，始终坚持既定理念，把眼光放长远，这就是岩田作为一个成功企业家的秘诀所在。

游戏迷岩田聪

在 2005 年的 E3 电子娱乐展上，当时还被叫作“革命”的家庭游戏机 Wii 首次露面，只是还未宣布关于游戏手柄的信息。

两个月前，游戏开发者大会（Game Developers Conference，简称 GDC）在美国旧金山举办。会议的第四天，在微软副总裁之后，岩田聪登上了演讲台。

岩田用手指着自己的名片，开始用英语发言。

“我的名片上虽然印着‘社长’两个字……”接着他又把手转向自己的头，“但是我就是一个普普通通的游戏开发人员……”岩田又用手指向自己的胸口，“其实我心里更多地只是把自己当作一个狂热的游戏迷而已。”

岩田一句话道出了自己的心声。看看他的履历就会发现，他确实和电子游戏有着不解之缘。

1959 年 12 月，岩田出生在北海道的札幌市。父亲是北海道政府部门的职员，因为岩田是长子，所以父亲对其要求非常严格，让岩田感到很有压力。入学之后，岩田一直担任年级委员长、社团的部长、学生会会长等职务，领导才能得到了极大的发挥和锻炼。

岩田初中毕业后进入了札幌南高中。札幌南高中校风自由，没有普通高中那样的定制校服，以自主自律为校训，是札幌市内首屈一指的学校，很多毕业生在金融界和政界大有作为。岩田初次接触电脑，就是在这个时候。

岩田用打工洗盘子赚到的钱和父亲给的零用钱买了一台当时被大家称作“袖珍计算器”的惠普计算器——世界上首台可编程计算器。

虽然现在看来根本不算什么，但是这种计算器在 1974 年刚刚问世的时候却震惊了全世界。1975 年，美苏之间进行了第一次宇宙探索方面的合作——苏联的联盟号宇宙飞船和美国的阿波罗号宇宙飞船在太空成功实现了对接飞行。这次飞行中需要的多种数据都是由惠普的新型计算器计算得出的。

在还没有“电脑”这个词的时代，岩田聪就用这台计算器开始学习编程，做出了排球、导弹射击等几个小游戏，和朋友们一起玩。

1978 年，深深沉迷于编程的岩田考入了东京工业大学信息工学专业。岩田用从长辈那里得到的奖励金买了一台美国 Commodore 公司生产的电脑。这台电脑把黑白显示器、键盘和用于存储数据的磁带系统整合在了一起，是世界上第一批一体机。

岩田每周都会把自己做的程序录到磁带上，带到西武百货店的电脑商店向人们展示。岩田大二的时候，那家电脑商店的店员们成立了一家名为“HAL 研究所”的公司，邀请岩田一起工作，岩田便开始在那里打工，毕业以后顺理成章地成了 HAL 研究所的正式员工，之后又成为该公司的社长。

在电影《2001 年的宇宙之旅》中，有台电脑叫作“HAL”，取自 I、B、M 3 个字母之前的一个字母。HAL 研究所的名字就来自这台电脑，寓意“比 IBM 还要领先一步”。

岩田聪的足迹

时间	事件
1959 年 12 月 6 日	出生于北海道札幌市。
1975 年 4 月（15 岁）	就读于北海道札幌南高中。 在高二第一次接触编程。
1978 年 4 月（18 岁）	就读于东京工业大学信息工学专业。 从大二开始在 HAL 研究所打工，从事软件开发。
1982 年 4 月（22 岁）	大学毕业后正式进入 HAL 研究所工作。 主持游戏软件开发。
1984 年（24 岁）	成为 HAL 研究所的董事。 开始着手开发任天堂 Famicom 游戏机专用游戏软件。
1993 年 3 月（33 岁）	就任社长。 接受任天堂的援助，开始公司重组。
1999 年 5 月（39 岁）	还清公司所有负债之后让出社长位置，转而担任顾问。
2000 年 6 月（40 岁）	受任天堂社长山内溥的邀请加入任天堂。 担任经营企划部部长。
2002 年 5 月（42 岁）	在山内社长退休后，被山内指定为新一任社长。

名字十分大气，但其实公司成立之初只有几名成员，办公室只不过是秋叶原一栋楼里的一个小房间。当时，公司的主要业务还是个人电脑周边产品的开发和销售，进行游戏软件开发的，只有在此打工的岩田一个人。

岩田开始在 HAL 研究所打工的那一年，他的父亲岩田弘志当选为室兰市的市长。在 4 年的任期中，岩田弘志为室兰市的经济腾飞做出了许多贡献，比如，主持建造了横跨室兰港的东日本最大的吊桥——白鸟大桥，帮助新日本制铁公司原定关闭的高炉维持正常生产。

岩田作为市长的长子，各方面能力都非常优秀，但是对于继承父业、进入政界一点兴趣也没有。他大学毕业后，正式加入了名不见经传的 HAL 研究所。

岩田入社的第二年，即 1983 年，任天堂开始发售家庭游戏机 Famicom，价格为 15000 日元。Famicom 给岩田带来了很大的震撼，也深深地吸引着岩田。

岩田的脚踏上了任天堂的总部所在地——京都。

“请让我为 Famicom 开发游戏软件吧！”

岩田和任天堂的蜜月期正式开始。

当时，任天堂自己还没有如今这么强大的开发团队。即使在全日本，像岩田这样的游戏软件开发人员也非常少。

“高尔夫”“弹珠台”“F1 赛车”……HAL 研究所开发出了一个又一个 Famicom 游戏软件，成为 Famicom 早期的重要支柱。岩田也与任天堂建立了信任。1984 年，任天堂正式向 HAL 研究所注资，标志着 HAL 研究所成为任天堂不可缺少的战略合作伙伴。

HAL 研究所的规模不断扩大，不仅进行 Famicom 的游戏软件开发，也为 Famicom 开发了一些硬件外设。HAL 研究所的名字也逐渐为业界熟知。岩田担当起了越来越多的管理职责，成了公司的董事。

1992 年，发展迅速的 HAL 研究所陷入困境，申请了破产保护，即将倒闭。

造成这种局面与日本的整体经济状况有关。1991 年，HAL 研究所的社员人数接近 90 人，为了强化软件开发部门以及考虑到公司以后的发展，公司总部从东京迁到了山梨县，但是迎接 HAL 研究所的却是日本泡沫经济的破灭和随之而来的经济萧条。新总部的建设费用几乎完全来自银行贷款，加上游戏软件业受日本经济影响一蹶不振，HAL 研究所的资金周转出现了严重困难，最终只得申请破产保护。

这时，任天堂递来了橄榄枝，愿意为 HAL 研究所提供研发资金，帮助其渡过难关。

任天堂当时的社长是山内溥，山内开出的唯一一个条件就是由岩田担任重组后的 HAL 研究所的社长。

一贯只专心于软件开发的岩田第一次被推到了掌握企业命运的位置上。公司已经偿还了一部分债务，但是余下的数额仍然高达 15 亿日元。

尽管前进的道路上充满坎坷，岩田还是抱着对游戏的探求之心踏上了征途。

1992 年发行的 Game Boy 游戏“星之卡比”和 1999 年发行的 N64 游戏“任天堂明星大乱斗”，虽然名义上是任天堂的产品，但实际上都是由 HAL 研究所开发出来的，岩田也亲自参与了程序的编写。

星之卡比是以卡比为主人公的动作游戏。这款游戏的用户定位是初学者，所以操作很容易，也颇具趣味性。卡比的形象非常可爱，只要用嘴吸入空气便可在空中自由飞行，吐出空气时还可以攻击敌人。最特别的是它的变身系统，只要把一个具有特殊能力的敌人吸到嘴里吞下去，便可拷贝这个敌人的特殊能力。这款游戏的销量达到了 500 万套，是 HAL 研究所销量最大的产品。

之后任天堂和 HAL 研究所又合作开发了 Famicom 家庭游戏机版的“星之卡比 · 梦之泉物语”，在 6 年的时间里一共发行了 8 套卡比系列作品，卡比也成了继马里奥和口袋妖怪之后任天堂的另一个高人气游戏角色。卡比系列游戏在全世界的销量超过了 2000 万套。

任天堂明星大乱斗作为格斗类游戏，销量在 N64 的游戏中排名第二。格斗游戏通常是一对一打斗，通过拳脚、武器以及各种各样的绝招把敌人的体力分打到 0 就能获胜。

任天堂明星大乱斗则不同，以把敌人从擂台上扔出去为目的。同时，敌人也不止一个。马里奥、卡比等一大堆善良可爱的角色都会登场进行多人混战。任天堂明星大乱斗为格斗游戏开辟了一个新的领域。

在岩田的领导下，通过锐意创新和改革，截至 1999 年，HAL 研究所仅仅用了 6 年时间就还清了全部 15 亿日元的负债。

“多亏了您的帮助，HAL 研究所终于走上了正轨。”

2000 年，岩田专程到任天堂总部向山内社长致谢。当时的任天堂正处于和索尼的激烈竞争中，长期处于劣势。

“不想来任天堂工作吗？”山内一直很看好岩田，此时更是希望岩田能为任天堂带来新的活力。

岩田出于感恩，爽快地答应了这一请求。

实际上，岩田毫不犹豫地接受山内的邀请还有一个原因：今后能够和自己崇敬的宫本茂一起工作了。

属于世界的宫本茂

美国《时代周刊》每年都会评选出“全球最具影响力的 100 人”。2007 年只有两名日本人入选，一位是当时丰田汽车的社长渡边捷昭，另一位则在评选中凭借 200 万张选票获得了时代人物提名票数第一名。

这个人就是任天堂的专务，宫本茂。

宫本不仅在日本举足轻重，在国际上也久负盛名。

20 世纪 80 年代初，出现在美国大型游戏机上的大金刚，以及之后历经 20 多年魅力持久不衰的马里奥，都成了美国年轻人心中永恒的经典。这些游戏的“父亲”就是任天堂的“MIYAMOTO”(宫本的日文发音)。宫本也因此获得了许多殊荣。

比如，2006 年，法国文化部部长向宫本茂颁赠了艺术与文学骑士勋章，表彰他开发的超级马里奥系列游戏对虚拟世界做出的贡献。艺术与文学勋章是法国 4 种部级荣誉勋章之一，也是法国政府授予文学艺术界的最高荣誉。2007年，英国财经杂志《经济学家》授予他“革新奖”，同年他还获得了游戏开发者大会的终身成就奖。此外，经典游戏口袋妖怪中的主人公小茂也是以他的名字命名的。

岩田聪一直把宫本当作自己的偶像和努力奋斗的目标。虽然后来职务发生了变化，岩田成了宫本的上司，但是他对宫本的崇敬之心丝毫不减，自诩“世界上最了解宫本茂的人”。岩田称宫本为“制定全世界游戏界基本法则的人”，宫本后来出于健康考虑开发了 Wii Fit 等一系列不像是游戏的游戏，这种革新被岩田评价为“自己打破自己制定的基本法则”。

在海外，一提到宫本，总是会加一些诸如“传说中的”、“天才的”等修饰词。

这一切都源于京都郊外的天神山。

宫本的家乡是京都府园部町（现在的南丹市）。乘坐日本国有铁路列车从京都站出发，沿着山阴本线不到一个小时就会到达这个充满田园风光的小镇。宫本从小学到高中都是在这里度过的。

孩童时的宫本几乎每天都会去园部高中附近的天神山玩耍。他在满是泥土的荒山上来回奔跑，在小河里钓鱼，去山洞中探险，爬上最高大的西洋杉树极目眺望远方的景色。那种天地豁然开朗的感觉在童年的他心中留下了深刻的印象。所有这些幼时的回忆都成了日后宫本开发超级马里奥等一系列游戏的背景和舞台。

小学一年级的时候，宫本画的画受到了老师的表扬，从此对画画产生了浓厚的兴趣。中学时代，宫本迷上了卡通漫画，和同学成立了“漫画研究会”。他创作的作品以独特的风格获得了同学们的青睐。他在园部高中的时候还加入了山岳部，练习过攀岩。

因为对绘画和制作模型都非常感兴趣，高中毕业后，宫本选择了金泽市立美术工艺大学的工业设计专业。他在大学时代开始对音乐产生兴趣，尤其对甲壳虫乐队情有独钟，他买了一把吉他自弹自唱，还和朋友组建了一支乐队。宫本的这一爱好直接影响了日后“Wii Music”的诞生。

大学毕业后，习惯了自由自在、思想活跃的宫本开始在玩具生产厂商中寻求就业机会。当时的任天堂正计划开拓电视游戏机市场，还处于工作不外包的阶段，非常需要美工等方面的人才。

1977 年，24 岁的宫本进入了任天堂，被安排到企划部，但是最初只能做诸如宣传画设计、街机机台外部装饰等琐碎的工作。

在宫本进入公司的第四年，情况出现了转机，宫本时代从此开始。

宫本进入任天堂的初衷并不是设计家庭游戏机的游戏软件，而且他也不像岩田那样会编程。但是机缘巧合，1981 年开发的街机游戏大金刚让他开始在任天堂崭露头角。

当时,大东商事有限公司[①]（TAITO）发售了街机游戏“太空侵略者”，自此街机热潮席卷了全日本。任天堂也开始开发街机硬件

①日本 Square Enix 旗下的电子游戏企业，代表作有“泡泡龙系列”等。

和游戏。同时，任天堂的第一款掌上游戏机 Game & Watch 上市。任天堂把自己的技术力量和资源都集中在了这两个方面。

1980 年，为了打开海外市场，任天堂在北美创建了海外子公司 Nintendo of America（简称 NOA）。但是 NOA 出师不利，一款新型的异形街机“Radar Scope”大量滞销，NOA 向总部求援，希望能开发新型街机产品。

宫本茂的足迹

时间	事件
1952 年 11 月 16 日	出生于京都府园部町（现在的南丹市）。
1965 年（12 岁）	就读于町立园部初中。 着迷于漫画，成立“漫画研究会”。
1977 年 4 月（24 岁）	从金泽市立美术工艺大学毕业后进入任天堂工作。
1980 年（27 岁）	开发出街机游戏大金刚，马里奥的形象诞生。
1984 年（31 岁）	升任信息开发部开发课长。 Famicom 游戏超级马里奥诞生。
1996 年（43 岁）	信息开发部重组，部门升级。 就任信息开发部部长。
1998 年（45 岁）	就任信息开发本部本部长。 主持 N64 游戏的开发。
2000 年 6 月（47 岁）	和中途加入公司的岩田同时成为公司的董事。 同时兼任信息开发本部本部长。
2002 年 5 月（49 岁）	升任专务董事[①]。主持开发 GameCube 游戏。

①仅次于副社长的职务。

当时任天堂的开发部门都处于满负荷运转状态，应对Game & Watch的游戏开发，根本抽不出人手开发新项目，于是决定进行低成本移植，把Game & Watch的游戏移植、改造到街机上。被选中的移植游戏是当时还在开发中的“大力水手”，选择这款游戏的一个主要原因是大力水手在美国是妇孺皆知的动漫形象。这项看起来不是很重要的任务就交给了当时比较清闲的宫本。

宫本以Game & Watch版的大力水手为范本，进行了一系列修改。他把跳跃作为游戏中最关键的动作技巧，将快捷的操作性视为游戏开发的关键任务。在版面设计上，他也煞费苦心，独创性地设计了高低不同的路线和敌方诱导等要素。正当开发工作渐入佳境时，忽然传来了大力水手版权交涉搁浅的沮丧消息。不过，已经完成的游戏框架还可以继续使用，只需要重新设计人物形象即可，而这正好是宫本的拿手好戏。

反派布鲁诺变成了猩猩——大金刚、女主角奥莉芙改为了波林，大力水手被改成了红帽子、蓝工装裤、留着两撇小胡子的马里奥。同时宫本也修改了剧情，大金刚不断投掷滚筒企图击中马里奥，而玩家则要让马里奥去营救大金刚身边的波林。这款游戏的背景音乐也由宫本自己制作和录制，1997年入选IGN[①]“不朽游戏名曲TOP100”。就这样，宫本凭借经典作品大金刚第一次站到了游戏舞台上。

① Imagine Games Network，一个多媒体和评论网站，主要提供电子游戏资讯，对新游戏进行点评，在国外媒体和玩家中具有很大影响力。

顺便提一下，因为最初设计的游戏背景是工厂，所以马里奥穿着蓝工装裤。当时，游戏机的分辨率太低，无法精细地描绘人物五官，而胡子用粗线条也很容易表现，所以马里奥是长着胡子的。至于名字，宫本最初把这个人物命名为“Mr. Videogame”，不过 NOA 的美国社员看过之后，开玩笑说很像一个名叫马里奥的同事，于是他们就真的把名字改成了马里奥。

大金刚的问世不仅解决了 NOA 的全部库存，而且新的订单接踵而至，配有大金刚这款游戏的街机最终销量十分惊人，超过了 6 万台。本来只负责美工的宫本，一下子站到了世人的面前，宫本茂的时代由此揭开了序幕。

宫本茂的秘密武器——“背后的视线”

2007 年 3 月，游戏开发者大会在美国旧金山召开，“属于世界的宫本茂”登上了两年前岩田聪社长发表演讲的讲台。演讲一开始他就提到了自己判断扩大游戏玩家队伍战略能否成功的标准——“妻度计”（Wife-o-Meter，结合妻子“wife”与温度计“thermometer”的自创单词）。

宫本表示，扩大游戏玩家队伍是任天堂的基本战略，对于是否成功实现了这一目标，他一直都以自己妻子对游戏的感兴趣程度作为指标。

宫本的妻子原本对游戏毫无兴趣，即使当年的超级马里奥等游戏风靡全日本，她也无动于衷。首次变化发生在女儿玩 N64 的“塞尔达传说·时之笛”的时候。一开始，他的妻子会在旁边看女儿玩，当时宫本就觉得，说不定有机会让妻子也投入游戏中。

宫本选择了 N64 的游戏“动物之森”，并以“这款游戏中没有敌人”作为诱惑，成功说动妻子拿起游戏手柄。

掌上游戏机 NDS 推出之后，宫本从自家养的宠物狗身上得到灵感，制作出 NDS 游戏任天狗，改变了妻子对于游戏的看法。Wii 推出之后，宫本的妻子不等他推荐便主动开始接触 Wii。

宫本说，现在他的妻子非常喜欢制作家人、亲戚与邻居的 Wii 肖像展示给大家看，从一个对游戏漠不关心的人转变成了热衷于游戏的玩家。“妻度计”这个指标的作用已经达到顶峰。通过 Wii 体验到创作的乐趣可以说是迈向游戏创作的第一步，宫本开玩笑说，等到妻子能制作出独特的东西时，他就能退休了。

宫本的天才之作——横版游戏超级马里奥系列中的场景和各种游戏元素都来自于儿时的记忆，游戏设定也大都出自他一个人的灵感。同样在游戏史上占有举足轻重地位的塞尔达传说系列也同样是宫本个人才能的展现。

宫本关心每个游戏中的所有细节，从人物形象到游戏背景，从游戏的故事情节到操作方法，细致入微。

超级马里奥为游戏界制定了横版动作类游戏的范本，塞尔达传说则是角色扮演游戏的鼻祖。不过，宫本并没有被自己创作的作品羁绊，他打破常规，又创作出了动物之森、任天狗等脍炙人口的作品。

如果说宫本和普通人有什么不同，那就是一颗探求游戏乐趣的心和对日常生活的敏锐嗅觉，随处可见的事物都能为宫本带来创作灵感。

2000年，日本的游戏软件销量全面下滑，很多人认为这是游戏机硬件更新换代造成的暂时现象，也有人认为这是因为人们用手机娱乐的时间越来越长了，但是宫本却不这么想。

宫本经常在地铁上看到用手机发短信的孩子，一副很快乐的样子。按手机键盘就像是按游戏手柄一样，这情景让宫本很是嫉妒。

到公司后，宫本略带醋意地跟同事聊天：“和我们做的游戏相比，好像还是发短信更有意思一些……我们做个游戏，比比看全日本谁发短信的速度最快，肯定会大受欢迎吧。”

“这么看来，手机已经融入到大家的生活中了。与之相比，游戏还差得远呢……”

带着这种想法，宫本创作了动物之森。

当时，岩田还没有成为任天堂的社长，扩大游戏玩家队伍战略也没有被明确地提出来。宫本只是凭借自己的感觉，触及了一个日后影响任天堂命运的领域。

动物之森并不是为了打败竞争对手制作的，其中也没有复杂的剧情和游戏目的。它被称作“社交模拟游戏”，拥有开放的场景，没有固定剧情，玩家可以在里面随心所欲地生活，不受默认剧情、任务限制，许多人非常享受这样与有趣的动物角色“对话”的乐趣。动物之森在十几、二十几岁的女性群体中人气飙升，一时之间各个经销网点都出现了断货。

由于NDS增加了上网功能，在NDS版的动物之森中，玩家可以去朋友的村子中游览，也可以邀请朋友来自己的村子做客，加强了互动，使游戏更具可玩性。截至 2009 年 2 月，动物之森的销量超过了 500 万套。

宫本对游戏的这种敏锐的把握能力为 Wii 的诞生做出了巨大的贡献。

2005 年年中，Wii 的游戏手柄开发工作告一段落，负责硬件的开发团队开始研发游戏机主机。宫本也回到了自己的工作室，开始构思能促进 Wii 普及的游戏软件。任天堂信息开发本部是在宫本的带领下发展起来的团队，拥有大量优秀的研发人员，一般在公司内部被简称为“信开”，而“信开”的内部人员则把自己的部门叫作“工作室”。

在工作室里，一些要赶着配合 Wii 首轮销售的游戏软件的开发工作已经开始了，但是都处于各自为战的混乱状态。宫本要做的第一件事就是理清头绪，整合所有的技术力量。他用一张纸画出了 Wii 上市初期游戏软件设计的战略图。

其中包括能够让玩家深切体验到 Wii 特性的由几款运动游戏构成的“运动游戏包”，以及必须要和 Wii 同时发售的“欢迎来到 Wii 的世界”。

在宫本的纸上，还有一个词——“健康”，这就是后来的 Wii Fit。

可以说，Wii Fit 就源于宫本家浴室中的那台体重秤。

宫本从 40 岁开始通过游泳减肥。可能是因为长期伏案工作，宫本一直饱受腰疼的烦扰，这也是他选择游泳健身的一个原因。坚持游了一段时间后，宫本的体重开始下降，他第一次感觉到“能变得更健康也是一件很好玩的事”。

宫本从来不认为自己能称得上“品行方正”，他有一些不太好的生活习惯。不过，以游泳减肥为契机，他戒掉了小钢珠[①]，也戒了烟，开始关注自己的健康。

不久，宫本的体重又反弹了，于是他每天洗澡前都要在浴室称体重，详细记录每天的体重变化，还画了一些简单的图表。宫本越来越觉得每天称体重是一件很有趣的事。这是2004年的事情，当时NDS还没有上市。

这样坚持了一年多。宫本开始计划以“称体重”为核心做一款以健康管理为主题的游戏软件。

宫本的这一构想在Wii上得到了体现。Wii Fit可以感知体重和玩家的重心位置，除了称体重，还可以玩滑雪、呼啦圈等游戏。史上第一个可以称体重的游戏就这样问世了。

Wii Fit于2007年12月在日本国内上市，在海外发售的时间是2008年4～5月。就像当年的脑锻炼一样，Wii Fit的问世为Wii游戏机硬件的经销商提供了相当大的动力。

截至2008年12月底，Wii在世界范围内累计卖出了1400万台。根据一些知名游戏杂志的统计，2008年7～9月，Wii Fit排名

①在日本很流行的一种赌博游戏。

全球游戏软件销量第二。宫本个人的兴趣得到了全世界的认可。

美国纽约的核心——洛克菲勒中心设有任天堂的直销店。2008 年 10 月，Wii Fit 发售半年后，即使是在金融危机最严重的时候，每天仍有数十人排在任天堂店前等待开门营业，抢购 Wii Fit。每 3～4 个购买 Wii Fit 的人中就有一人同时购买 Wii 游戏机，任天堂不得不增加产量以满足市场需求。2008 年，Wii 的月产量比上一年增加了 240 万台，涨幅达到 33%。

宫本还有一项秘密武器——“背后的视线”。

宫本会时不时地从公司的总务科等和开发没有什么关联的部门拽来一些平时根本不玩游戏的人，然后把游戏手柄塞到他们手里，一言不发地站在背后看他们玩游戏。

通过这种方法，宫本会发现很多自己原本发现不了的问题。“这里好像设计得太难了”，“看样子他没看明白这里设的提示，有必要做得好懂一些”……就这样，宫本不断地完善着自己的游戏作品。

宫本说：“我们开发游戏的目的就是希望能把越来越多的‘普通人’吸引到游戏世界中。所以，我总会找一些平时不玩游戏的人来体验正在开发的产品。那些游戏‘粉丝’们反而帮不上忙了。”

宫本就这样一直从背后看着这些“普通人”，通过他们的眼睛评价自己的作品。

宫本拥有从日常生活中发现乐趣的敏锐嗅觉，以及从平凡事物中获得创作灵感的才能。同时为了让普通大众乐于接受，他又能平心静气地反复修改，把游戏中一些看似高明的设计毫不犹豫地砍掉。

Wii Fit 的销量

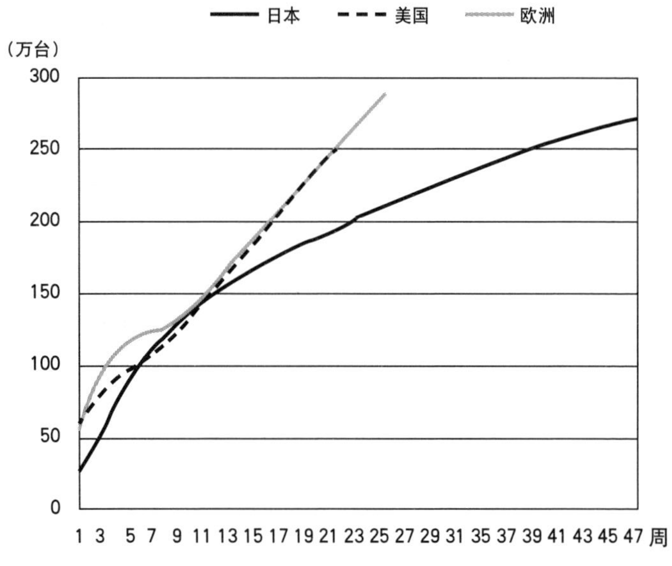

数据来源：任天堂

“搬走饭桌”的精神

塞尔达传说系列作品于1986年问世，截至2004年末，累计销售量达到了4500万套，可以说是角色扮演类游戏的领军之作。2006年年中，距离新的家庭游戏机Wii正式发售还有半年时间，任天堂的信息开发本部正在加紧制作塞尔达传说的Wii版新作——“塞尔达传说·黄昏公主”，他们迎来了一个“噩梦”——宫本茂亲临开发一线。

当时黄昏公主已经接近完成，正在进行后期制作。外语版本的翻译工作也开始了。同时，任天堂官方对外宣布塞尔达传说的新作会在年底与Wii一起发售，游戏迷对这款作品抱有极大期待，加上发售期已经推迟了一年，因此发售时间绝对不能再变了。

正当开发人员忙得昏天黑地的时候，宫本像幽灵一样飘来，并且和以前一样，出了一招必杀技：

“主角在新手村停留的时间太短了，只有1天，改成3天吧！”

主角林克在大冒险开始之前，会在新手村里待上一段时间，了解故事背景，让玩家熟悉游戏的操作方式。开发小组设定的这个停留时间是 1 天，很早之前，所有相关的编程和测试就都已经结束了，现在宫本的一个“改”字让大家乱了套。

宫本的理由是：塞尔达传说的 Wii 版操作方法和前作完全不同，需要让玩家多花一些时间慢慢适应。这种修改不单单是延长玩家在新手村的停留时间，游戏企划要设计新的剧情和人物对话，美工要扩大村落的设计，程序员也要相应地变更游戏地图等数据并重新编码。

在开发接近尾声，正在进行测试和各种细微调整的时候，宫本的指示无异于一场噩梦。开发团队一面手忙脚乱地应对宫本的新指示，一面还要联系任天堂的海外分公司，“最初村落的设定完全改变了，马上停止翻译，等待新版本！”

不管开发日程多么紧迫，只要发现有能改进的地方，宫本都会毫不犹豫地去做。就好像饭桌上已经摆好了碗筷，大家都在等待开饭的时候，宫本却跑来把饭桌搬走了。他这种什么都敢改的做法在任天堂的所有海外子公司中也广为人知。

但是，开发人员大都很赞同宫本的这种做法。上面提到的塞尔达传说“1 天变 3 天”就是一例。

在任天堂的官方网站上，会发布一些开发过程中的趣闻和员工的感想，其中有一篇文章就提到了这件事。一名开发人员回忆说，增加在新手村停留的时间，一方面可以让第一次接触 Wii 的人更容易上手，另一方面也有助于玩家更好地融入新的塞尔达故事中。现在来看，这次修改是非常明智的决定。

不过，发生在塞尔达传说开发中的这段插曲并不是宫本“搬走饭桌”精神的最高体现，他甚至下达过“中断开发”的命令。当时，被他当头一棒打晕了的就是岩田。

1991 年，负债情况持续恶化的 HAL 研究所面临着经营危机。当时作为董事的岩田决定在一款游戏上赌上公司的命运，放手一搏。这款游戏叫作“Twinkle Popo”，由当时年仅 22 岁的天才设计师樱井政博做企划。岩田决定，这款游戏将不通过任天堂，完全由 HAL 研究所独立发行。这是岩田寄予厚望的一款作品，希望能凭借它让公司起死回生。但是，很不幸，岩田碰到了宫本。

Twinkle Popo 的预定发售期是 1991 年 1 月下旬。在 1990 年年底，游戏基本完成，并且已经接到了大约 2.6 万套订单。然而，宫本看了这款游戏后，非常不近人情地强迫岩田中止游戏发售。

当然，宫本完全没有恶意。他看到这款游戏后有一种强烈的“不想玩”的感觉，但也发现，这款游戏的设计和企划中有很多闪光点，再花些时日加以完善，定会成为非常优秀的作品。同时，他也提出由任天堂负责运营这款游戏。

1992 年 4 月，经过 1 年 3 个月的完善，游戏正式上市。游戏名称改成了“星之卡比”，主角的名字也由“Popopo”变成了“卡比”。星之卡比成为 HAL 研究所创立以来最有魅力的一款游戏，销售业绩出乎所有人的预料。星之卡比的上市成为 HAL 研究所扭亏为盈的转折点。

实际上，即使宫本本人，也无法预计作品究竟会创造怎样的业绩。他只是凭借自己多年来的直觉行事，无法忍受看起来有瑕疵的游戏作品上市。

因此，即使宫本有一些很不错的灵感，但只要他自己没有完全满意，也会一直憋在肚子里，直到想法成熟。

比如，Wii 的肖像画频道，就是宫本积累了 20 年的结果。

肖像画频道是 Wii 的基本功能，固化在 Wii 的硬件中。玩家可以将预先存储好的各种脸的轮廓、眉毛、眼睛、鼻子、嘴、头发进行组合，做出简易的肖像画。把自己或者家人朋友的肖像画存入 Wii 中，让自己创作的人物形象出现在 Wii 的各种游戏里。

岩田说："这是宫本执着思考了近 20 年的结果。"

"如果自己能出现在游戏中应该蛮有意思的。"

宫本最初产生这种想法是在 1986 年，当时家庭游戏机 Famicom 的周边产品 Famicom 磁碟机刚刚上市。宫本利用磁碟机的存储功能试着做了一个制作肖像画的软件，但是他随即被一个问题难住了，"做出来的肖像能用来做什么呢？"于是这个想法被暂时搁置了。

2000 年，做肖像画软件的想法再度浮上宫本的心头。他做了另一款能够在 N64 的周边产品 N64DD 上运行的肖像画制作软件。可惜当时的配色有一点问题，而且 N64DD 在市场上未能引起重点关注，不到一年就自生自灭地退出了市场。

宫本并没有放弃，在2002年度的E3电子娱乐展上，他表示要推出一款能够在GameCube上运行的肖像画制作软件。大体的构想是先用GameCube的摄像功能拍摄面部照片，然后再进行加工。2004年初，这款游戏正式开始制作，但由于宫本还是没想好制作出的肖像画能做什么，因而不久之后终止了开发。

在宫本制定Wii上市初期游戏软件设计战略的时候，这个想法再一次被提上了议事日程。

宫本不停地“搬走饭桌”，终于到了摆好碗筷，可以招待客人的时候。

在Wii Fit的开发过程中也发生过类似的事情。

当信息开发本部对Wii Fit的开发快要进入收尾阶段时，宫本还在为“有氧运动”的内容烦恼不已。

已经定下来的有氧运动只有两款。一款是韵律踏板操，玩家要根据屏幕上的提示有节奏地踩踏平衡板的指定位置，这有助于培养节奏感，对反射神经有一定调节作用。另一款是呼啦圈，玩家需站在平衡板上，依照屏幕上给出的人物动作扭动腰部，不断地转移重心，通过最后摇的圈数评分。宫本一直在坚持游泳健身，根据自身的体验，他认为只有这么两款游戏还无法达到锻炼身体的目的。

当时，宫本也会时不时地去看看Wii Sports开发小组的试验。

Wii Sports开发小组正准备着手开发游戏的续篇，讨论新游戏。宫本看到了游戏“慢跑”的雏形。研发人员在Wii的游戏手柄中安装了能测定加速度的传感器。把游戏手柄放到衣兜或是其他靠近身体的地方，玩家在慢跑时，游戏手柄就可以根据身体晃动的幅度记录步数和步幅等数据。

“这东西不错！”宫本第一次看到这个设计就大叫起来。

“当时还没有决定会不会在 Wii Sports 中采用这个创意，但是我马上决定要用在 Wii Fit 中。最后连这个小组的程序员也一起借了过来。”

实际上，最初宫本为 Wii Fit 确定过一条基本原则——Wii Fit 的所有游戏必须使用 Wii 平衡板。现在，他自己把这条原则抛到了脑后，为有氧运动这一版块增加了“慢跑”这款只使用 Wii 手柄玩的新游戏。

“宫本主义”的核心思想就是，只要能做出让玩家满意的游戏，“搬走饭桌”也好，打破所有规则也好，不管什么都要毫不犹豫地去做。

这种在公司内部被称作“宫本主义”的企业文化感染了信息开发本部的所有员工，打造出了一支斗志昂扬、高效的开发队伍。

打破部门壁垒的“宫本主义”

岩田聪2004年就任社长之后，对信息开发部门进行了大规模的改革，整合了第一开发部、第二开发部以及成立时间较短的企划开发部。

大体上，进行硬件开发的部门被分为负责家庭游戏机开发的“总合开发本部”和负责掌上游戏机开发的“开发技术本部”，进行软件开发的部门被分为以任天堂自身的技术力量为主的“信息开发本部”和以第三方协力会社为主的“企划开发本部”。

岩田这次行动的目的是打破各部门之间的壁垒，加强公司内部的交流合作，促进“宫本主义”在全公司的普及。

任天堂强调本位主义，鼓励个性和独创性。这源于前任社长山内溥对核心骨干的重用。

1979年，山内把开发部分成了第一开发部和第二开发部两部分。第一开发部以横井军平为首。横井军平是任天堂历史上功不可没的传奇式人物，发明了游戏手柄上的十字键，打造了世界上首款掌上游戏机 Game & Watch，也是 Game Boy 的创造者，2003 年游戏开发者大会授予其终身成就奖。宫本茂也是得到了横井军平的提携才得以在任天堂大展拳脚的。第二开发部则由中途加入任天堂的上村雅之领军。上村雅之是任天堂家庭游戏机 Famicom 的开发负责人，他成功地削减了开发成本，解决了 Famicom 前期出现的质量问题，后来研制开发了 Famicom 磁碟记忆装置，成功实现了游戏资料的存储，之后又参与开发了 Super Famicom 和卫星通讯周边设备 Satellaview。

这两个部门实际上处于竞争状态。

从职责上来说，第一开发部负责 Game & Watch 和 Game Boy 等掌上游戏机的开发。第二开发部负责 Famicom 以及 Super Famicom 等家庭游戏机的开发。两个部门同时又都承担着游戏软件的开发工作。

1984 年春天，山内把宫本叫到社长室，他决定正式成立一个由宫本负责的独立的软件开发部门，名为“信息开发部”。山内决心以此为契机打造出经久不衰的游戏角色，利用角色品牌价值的不断积累提升游戏的号召力，从而使任天堂立于不败之地。宫本不负重望，后来，这个部门成了最强的日本家庭游戏机开发团队，制作了马里奥 64、塞尔达传说 · 时之笛等一大批不朽名作。

1989 年，随着 Game Boy 的上市，信息开发部主要负责家庭游戏机软件的开发，掌上游戏机软件的开发任务就交给了第一开发部，但有时候两个部门的工作也存在交集。

随着任天堂主打游戏机机型的增加，公司内部也在不停地增设开发部门，各个开发部门之间很难相互协作。同一系列的游戏，就因为一个是家庭游戏机版，一个是掌上游戏机版，就会由两个部门各自开发。

岩田决意打破这种局面，首先推动新设立的企划开发本部和宫本的信息开发本部合并。

2005 年 5 月发售的游戏脑锻炼的创意是岩田提出的，研发也以岩田为核心进行。承担这项工作的是企划开发本部。

企划开发本部的任务主要是和第三方合作会社共同完成游戏开发，工作量相对较轻，主要产品大多是掌上游戏机的游戏软件。

程序员出身的岩田在开发脑锻炼的时候，以企划开发本部为开发主体，自己也参与了开发。

他相继开发了通过手写输入进行英日互译和日文查询的“NDS 快乐辞典”、脑锻炼的续篇“继续脑锻炼”、英语学习类软件“英语盲的脑锻炼：畅游英语”、通过提问学习生活常识的“万事不问人”……

作为岩田的后盾，宫本功不可没。

“从宫本那里借来的企划人员对脑锻炼的开发帮助极大。他拥有敏锐的直觉，对最初脑锻炼中问题的筛选和提高游戏的可操作性，提出了很多宝贵的意见。”

得到岩田称赞的这位企划人员是宫本推荐的，名叫河本浩一。

脑锻炼这个项目的创意源于东北大学川岛教授出版的《脑锻炼》练习集。在NDS的脑锻炼正式开发之前，岩田曾经征求过宫本的意见，“这很有趣，作为NDS游戏推出肯定受欢迎！”宫本对此也表现出浓厚的兴趣，全力支持岩田，并且把自己的下属河本推荐到了企划开发本部。

实际上，在岩田提出脑锻炼的开发计划之前，宫本已经同信息开发本部的员工讨论过这个想法。后来出现在NDS和Wii上的“大脑学院”就是宫本这一创意的产物。

“其实我一直想以《脑锻炼》练习集或者是查辞典为主题做一款游戏，但是迫于马里奥和塞尔达系列开发进度的压力，一直抽不出时间。岩田能在我之前推动脑锻炼这个项目，实在让我羡慕不已。”

宫本并非说说而已，同时也全力支持着企划开发本部的这个项目。

另一方面，岩田也为宫本大脑学院的立项给予了支持。大脑学院在脑锻炼问世一个月之后上市，销量虽然不及脑锻炼，但是在日本国内也达到了160万套。两个项目同时获得了成功，这一方面归功于岩田作为全公司总指挥表现出的统率能力，一方面也是宫本主义在公司壮大的结果。

打破部门间的壁垒这一理念在全公司得到了不断贯彻。

2007年8月发售的游戏“面部锻炼”就是这一理念的成果。面部锻炼的开发小组是一个真正的跨部门团队，其中除了游戏开发人员，还包括运营、管理等非开发部门的人员。

岩田从 2005 年开始召集各个平行部门的成员，启动了“用户群扩大工程”。在 2006 年的第二次扩大工程中，他还召集了很多根本没有做过软件研发的员工，让每个人都能为游戏从立项到商品化的全过程献计献策。

玩家可以通过每天学做面部锻炼中的丰富表情，达到锻炼脸部肌肉的目的。这是公司的一位女性网管提出的创意，灵感源自她每天在浴室中做的脸部按摩。

开发小组根据这个创意进行研发。他们为面部锻炼增加了一个脸部识别功能，利用附带的摄像头拍摄人脸，经过识别，可以加上箭头等简单的动画效果，显示出玩家现在的表情和游戏示范的表情有哪些差别。脸部识别技术实际上也是信息开发本部一个普通员工的提案，他在一个展示会上偶然看到了这种技术，因为感兴趣就向展示方仔细地询问了一下，并带回了一些资料，结果在这个项目中派上了大用场。

岩田倡导的部门间的合作在公司内影响非常大。前面也提到过，宫本带领的信息开发本部也深入参与了很多 NDS 和 Wii 的研发工作。

参与研发脑锻炼系列作品的河本就出身于信息开发本部，他也参与了 Wii 频道的开发，是“照片频道”“天气预报频道”和“新闻频道”的负责人。

很多人认为，任天堂的硬件开发人员和软件开发人员每天都

任天堂开发部门的发展

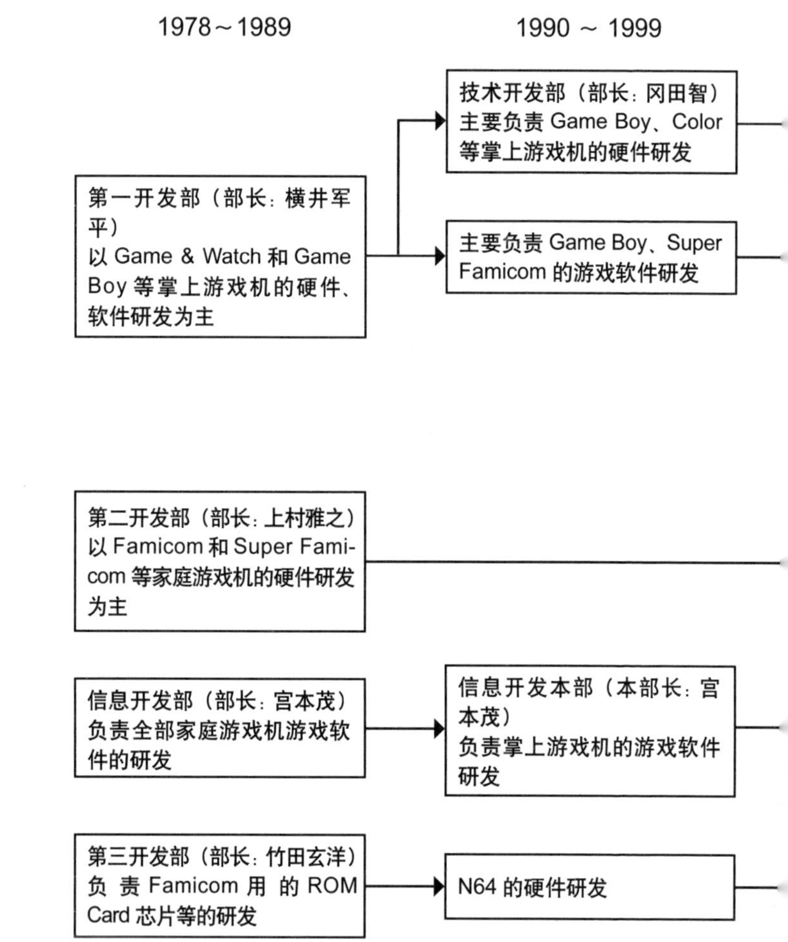
1978～1989
1990 ～ 1999
技术开发部（部长：冈田智）主要负责 Game Boy、Color 等掌上游戏机的硬件研发
第一开发部（部长：横井军平）以 Game & Watch 和 Game Boy 等掌上游戏机的硬件、软件研发为主
主要负责 Game Boy、Super Famicom 的游戏软件研发
第二开发部（部长：上村雅之）以 Famicom 和 Super Famicom 等家庭游戏机的硬件研发为主
信息开发部（部长：宫本茂）负责全部家庭游戏机游戏软件的研发
信息开发本部（本部长：宫本茂）负责掌上游戏机的游戏软件研发
第三开发部（部长：竹田玄洋）负责 Famicom 用的 ROM Card 芯片等的研发
N64 的硬件研发

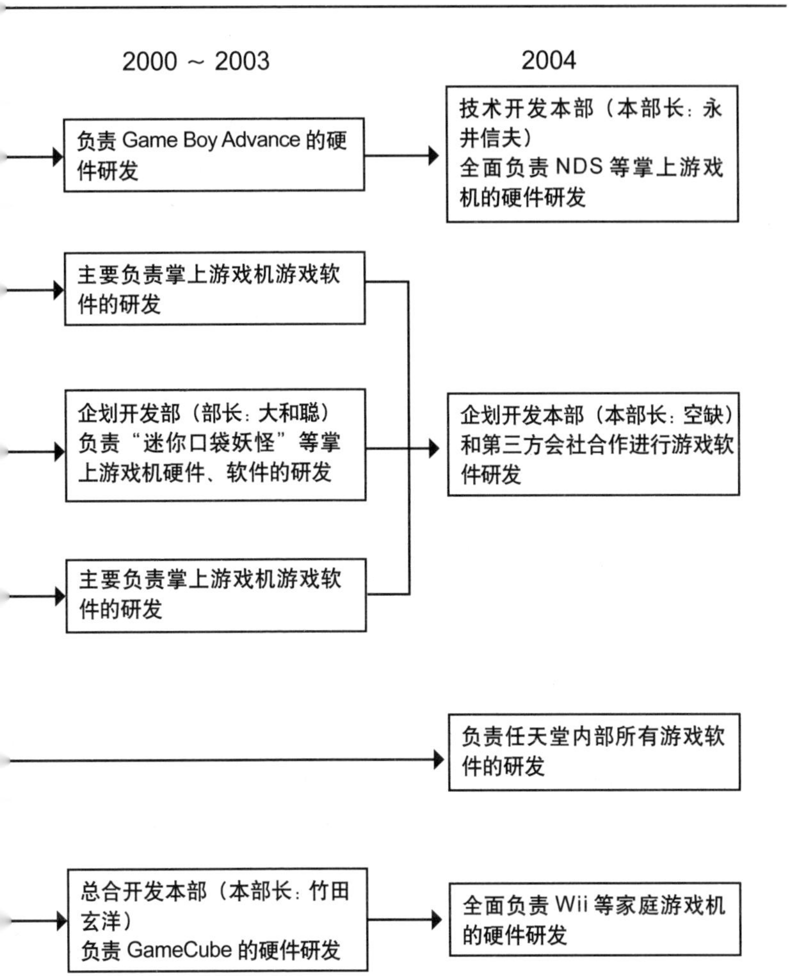
2000 ~ 2003
2004
负责 Game Boy Advance 的硬件研发
技术开发本部（本部长：永井信夫）
全面负责 NDS 等掌上游戏机的硬件研发
主要负责掌上游戏机游戏软件的研发
企划开发部（部长：大和聪）
负责“迷你口袋妖怪”等掌上游戏机硬件、软件的研发
企划开发本部（本部长：空缺）
和第三方会社合作进行游戏软件研发
主要负责掌上游戏机游戏软件的研发
负责任天堂内部所有游戏软件的研发
总合开发本部（本部长：竹田玄洋）
负责 GameCube 的硬件研发
全面负责 Wii 等家庭游戏机的硬件研发

在一家公司工作，肯定常常见面，可以经常合作。而宫本说，实际上直到岩田开始领导任天堂，社内的硬件开发和软件开发部门之间的合作才真正出现。

“硬件开发部门和软件开发部门的沟通合作随着 NDS 的研发开始慢慢加强。双方在 NDS 的开发中充分配合，硬件满足了软件对机器性能的需求，软件为硬件提供了良好的支持。双方研究人员都能为对方遇到的问题想出出人意料的解决办法。Wii 的成功同样得益于双方的通力合作，在开发初期，我们的程序员就开始参与硬件研发。”

在硬件研发部门内部，长久以来也存在着家庭游戏机和掌上游戏机各自为战的状况。这种状况同样被岩田打破了。

“由于历史等问题，长久以来，家庭游戏机和掌上游戏机在开发过程中，不但没有沟通交流，反而出现了相互竞争的局面，制约了任天堂的发展。随着近年不断推行的改革，两个部门开始相互融合，诞生了 NDS 和 Wii 等一批杰出的产品，为任天堂今后的发展奠定了基础。”

借助 NDS 和 Wii 两大产品的成功，加上各类游戏软件的推动，任天堂重新夺回了游戏市场的主导权。岩田倡导的组织改革功不可没。如果没有岩田的远见卓识和卓越领导，任天堂就不可能取得现在的成就。

“空降”的社长和个人面谈

对于普通员工来说，公司社长的更迭或多或少都会带来一些波澜。通常，新社长就任时都会面向公司全体成员进行一次讲话，可也就是仅此而已。也许，你有一些自己的想法，有自己的抱负，或者是想倾诉的意见，但几乎不可能有机会与社长面对面详谈，尤其是在员工超过千人的大型跨国公司中。

2002 年，任天堂的销售额达到 5500 亿日元，利润 1000 亿日元，员工超过 3000 人。岩田聪就任社长之后做的第一件事就是和员工面谈。首先是 40 位大大小小的部长，然后是自己直接领导的开发部门的 150 名普通员工，一个一个地面谈。

在任天堂的历史上，岩田是第一个由程序员起步，最后担任社长的人，而且，他不是在任天堂由新员工开始一步一步成长起来，而是公司在 2000 年招进来的、“空降”的社长。

不管前任社长山内溥的态度多么坚决，让为任天堂奉献了青春和汗水的老员工认同一个外来的社长都是一件非常困难的事。

岩田也明白这一点。

“某一天，社长一声令下，所有员工便突然之间相信了一个完全不同的未来并且携手合作，这是只有童话故事里才有的情节。面对突然出现的新社长，大家心里肯定都在嘀咕：‘这家伙究竟行不行啊？’”

从 2002 年岩田继任社长开始，他一直非常重视与员工交流，不遗余力地向公司全体员工阐述自己的理念。

现在的任天堂和山内时代有什么不同？入社超过 30 年的宫本茂给出了自己的答案。

“从某种程度上来说，任天堂是一个独裁管理的公司。长久以来，不可避免地留下一些宿疾。岩田并没有受到这种风气的影响，能独立客观地以旁观者的视角审视这家公司。他注重与员工的交流，尤其注重向员工深入说明公司的经营理念，不但要让大家好好干，而且要让大家知道怎么干才算是好好干。”

在山内时代，能够和社长说上话的人非常少。宫本认为，这一方面是山内的性格使然，另一方面也归咎于任天堂长久以来的公司氛围。

在山内时代，社长面向公司全员讲话的机会一年也不一定有一次。进入岩田时代后，岩田频繁地向全体员工或者是全体研发人员发表讲话，说明公司现状并阐释公司的经营理念。

岩田与员工进行直接面谈是他担任 HAL 研究所社长时养成的

习惯。

岩田 42 岁就成为任天堂的社长，还很年轻，加上自己是程序员出身，所以经常亲自指挥项目研发。和山内相比，岩田更具亲和力，和基层员工没有太大隔阂。

任天堂毕竟是个大规模的公司，岩田不可能和每个员工面谈，不过，但凡是他能直接接触到的员工，都会找来谈话。

在大学学习的什么专业、为什么会选择任天堂、入社以来都做了哪些工作、在公司工作的快乐和苦恼……

岩田这么做的目的主要是促使普通员工对游戏产业的未来产生危机感，提高忧患意识，深入理解公司扩大游戏玩家队伍战略的意义。岩田认为，“研发人员如果没有危机意识，从来没有感受到这方面的压力，是无法成长的”。

在关系到公司未来的产品 NDS 和 Wii 的开发过程中，岩田更是直接深入基层，向每个能接触到的员工征询意见，加强与一线员工的交流。

2006 年，任天堂的“公开面谈”开始了。

2006 年 9 月，任天堂的主页上没有任何预告，突然出现了一则采访手记，标题是“社长讯 · Wii 工程”。采访者是社长岩田，采访对象是 Wii 的研发人员。

以“Wii 硬件篇”开始的采访手记，一直连载到 12 月 1 日，也就是 Wii 开始发售的前一天，一共发布了 7 篇。

文章的信息量很大，全部读完需要不少时间。从文章的数量来看，岩田至少用了10多个小时进行采访，其中还不包含没有刊载出来的部分。

关于Wii的采访手记只是岩田这一行动的序章。

之后，岩田一直保持着与公司大型项目研发人员面谈的习惯，针对主要的NDS游戏软件、Wii的游戏软件和周边产品以及2008年11月新发售的NDSi，发表了一系列采访手记，其中还包含了很多开发过程中的逸闻趣事。

从2007年5月开始，岩田还以"社长讯·到任天堂实现梦想"为标题，发表了一系列文章，针对公司内的年轻员工和希望到任天堂就职的年轻人，详细介绍了公司的状况和理念。

截至2008年11月，岩田一共在任天堂主页上发表了27篇"社长讯"（不包括岩田接受采访的所谓"番外篇"）。从宫本茂、清沼英二（塞尔达传说的主要负责人）这样的公司核心人才到第一次与岩田对话的年轻员工，在"社长讯"中登场的人数超过了120人。

在"社长讯"系列的第一篇文章中，岩田讲述了自己做采访的理由。

"我作为社长，直接参与了与Wii有关的所有决议、开发过程。'社长讯'一方面能让我们的员工了解公司这些重要项目的细节，增加认同感；更重要的是，能让我们的用户更真切地了解Wii，看到Wii是如何有条不紊地问世的。"

确实，把开发者的想法直接传达给用户是一件非常有意义的事。不过，仔细读岩田的“社长讯”，会让人觉得岩田更希望借助这一方式加强与基层员工的交流，拉近社长和员工之间的距离。

岩田能很好地把握出场员工之间的关系，像专业记者一样提出到位的问题。

“小山先生作为中途加入公司的员工入职还不到一年，进入任天堂之前做过什么工作？为什么会对任天堂感兴趣呢？”“之前做市场营销的工作经验对现在的工作有什么帮助？”

岩田发表在任天堂主页上的访谈采用的基本都是这种问答形式。

岩田一直非常看重与员工的交流，任天堂的员工逐渐开始信任岩田，成为他的坚强后盾。

另外，岩田还有一件有助于加深与员工沟通和理解的秘密武器，这也是山内时代所没有的。那就是科学的管理方式。

科学的管理

2008 年 10 月 31 日，在东京的虎之门酒店，任天堂召开了 2008 财政年度中期决算说明会。

“虽然我们在这个财政年度的中期业绩很乐观，但现在金融危机在全世界快速蔓延，投资市场也发生了翻天覆地的变化。各位一定非常关心在接下去的时间里，游戏行业究竟会受到怎样的影响……”

社长岩田聪以此为开场白向到会的分析家和记者发表了演说。

同时，会场的大屏幕上打出了标题为“美国市场家庭游戏机销售情况”的图表，图表清晰地显示了在 2008 年 1 ~ 9 月，任天堂 Wii 相对于索尼的 PS3 和微软的 Xbox360 的巨大优势。

“我每周都会仔细研究我们公司产品的销售数据，到目前为止，完全看不出销量有下滑的趋势。”

紧接着，岩田又接连展示了美国市场掌上游戏机的销售图表，以及欧洲市场家庭游戏机和掌上游戏机的销售图表。

“实际上，现在在全球范围内，各类商品都面临着销量严重下滑的困扰，但是我们任天堂的经销商却不断地发来消息：‘存货不足，希望能立即补充’。”

岩田在需要说明的时候，总会用各种图表和数字来支持自己的观点。

不管是任天堂自己的统计数据，还是由第三方统计出的数据，岩田都会借用。恐怕在所有上市公司中，任天堂资料中的图表是最准确、规范的。

中期决算说明会本来只用9月末之前的数据就可以了，但岩田为了反击业绩下滑的论调，坚持把一周前美国分公司送来的最新数据加入了报告中。“只用9月末的数据无法让人放心。毕竟在现在这种瞬息万变的金融环境里，什么都可能发生。”

在说明会当天，岩田先抛出了一大串外界关心的问题。“日本市场的动向会成为全球市场的风向标吗？”“NDS和Wii的销量会在今年达到峰值然后下滑吗？”之后，他用各种图表和数据对这些问题一一予以否定，思路清晰，论证严密，令人印象深刻。

岩田讲话的时候逻辑很清晰，而且善于利用手势表达自己的观点，总是认真听完对方的发言之后再发表自己的意见。岩田似乎有一种天生的才能，善于和听众互动，再加上完美的图表和数字作为有力武器，最终令听众非常信服。

谈到岩田时代和山内时代的不同时，技术部门的负责人竹田玄洋说：“任天堂的精髓当然没有改变，可是和山内社长相比，岩田的管理更加科学。”

宫本茂的看法也一样。

“可能是山内社长的性格使然，他经常凭借自己的经验和敏锐的直觉做出判断，而岩田更多地会依靠科学分析、大胆假设、严密论证，听取多方面的意见和建议，最终完成决策。这也使他做出的决定更具说服力。”

岩田的另一个特点是不过分相信市场需求分析。如果一味迎合市场需求开发产品，任天堂只能在短时间内迎合当下的市场，而无法占领未来的市场。任天堂要做的不是追随市场的需求，而是开拓新的市场，最终成为领导者。

岩田的行事风格决定了他对数据收集的重视。

2003年10月，就任社长的第二年，岩田在网上成立了“任天堂俱乐部”，不收取会员报名费和年费。玩家购买任天堂的硬件和软件产品时，可以获得积分券。用这些积分券可以在任天堂俱乐部交换到很多非卖品。

另外，任天堂俱乐部还模仿了航空公司航程积累到一定数值就送免费航程的活动，会员只要在一年内攒够一定数量的积分券就可以升级为“黄金会员”或者“白金会员”，获得意想不到的礼物。2007年，发送给高级会员的礼物是配合Wii用的Super Famicom风格的游戏手柄，这在市场上是买不到的。

除了购买任天堂的产品可以换到积分券之外，还可以通过商品预定和回答调查问卷的方式获得积分券，任天堂这么做的目的在于促销和掌握用户满意度等信息。通过任天堂俱乐部的调查问卷获得的统计数据，对任天堂的决策做出了巨大的贡献，这些数据也频繁出现在任天堂对内对外的各种报告中。

岩田获得统计数据的方法还有很多，比如利用第三方调查机构，还有在面试的时候发放调查问卷，这种做法不单在日本，在美、英、俄、法等国也开始实行。

岩田在论证扩大游戏玩家队伍战略的时候，经常使用 NDS 和 Wii 的玩家分布图，分布图按照性别和年龄段等对玩家进行统计，数据来源就是面试时的调查问卷。

Wii 频道也具备调查问卷功能，Wii 的开发小组经常根据获得的数据对 Wii 进行改进。比如，很多玩家反映 Wii 本身的存储容量不足，开发人员就扩大了外存储器，玩家可以把下载的游戏软件存储到 SD 卡中，再插到 Wii 上。

岩田大概是日本最忙碌的社长了。他要过问所有项目的运行状况，有时候还会亲自主持开发一些项目，同时作为公司的最高管理者还要常常面对媒体和用户，更要挤出时间来加强社内的沟通交流，获得员工的理解和支持。

岩田说："我希望能把任天堂的文化和价值观完整地传承下去。我非常尊重山内社长，感谢山内社长为任天堂做出的贡献，无意改变他为公司定下的行为准则。但是，时代毕竟发生了变化，比如互联网在人们生活中所占的比重越来越大，我们必须根据不断变化的外部环境进行相应的调整。同时，我是中途加入任天堂的，不像山内社长那样为公司工作了 50 多年。员工对我有各种各样的疑虑都很正常，所以我必须格外小心谨慎，引领任天堂走向更辉煌的明天。”

岩田一直兢兢业业地工作，一心以扩大游戏玩家队伍为目标，同时戒骄戒躁，克制自身的种种冲动，实行“禁欲”式的管理。

“任天堂现在的运转模式和业绩令人非常满意，但是，如果没有良好的外部环境和内部员工的共同努力，没有公司长久以来传承的‘社风’和企业文化，我就什么也做不好。”

第四章

创造笑容的企业

有创造性，懂得灵活变通。从某种意义上说，这也是任天堂的指导思想。要把用户的快乐当作自己的快乐，也就是要拥有服务精神。

——岩田

娱乐主义

2008 年 6 月，在位于东京世田谷区的麦当劳，一进大厅，首先映入眼帘的就是一条从天井垂下来的巨大条幅“M 的 NDS”。

M 自然就是麦当劳的标志。顾客就座后，会在桌子上发现掌上游戏机 NDS 的宣传贴纸。贴纸上的年轻人右手握着 NDS，左手拿着一个汉堡正在往嘴里塞。

NDS 的屏幕上有汉堡、冰咖啡等菜单，还标有可以打折的符号，好像用 NDS 就可以叫服务员、点单。

很多人一直很关心，NDS 诞生以后的任天堂，也就是岩田聪掌舵以后的任天堂，将何去何从。

扩大游戏玩家队伍战略造就了一大批突破传统游戏束缚的新游戏软件。同时，任天堂的事业领域也开始向人们日常生活的各方面拓展。

2008 年 5 月，任天堂和麦当劳合作推出了名为“任天堂 Spot”

的通讯服务。

任天堂在东京都内的 21 家麦当劳连锁店以及由连锁店到秋叶原的 20 个电车站和车厢内，都安装了任天堂 Spot 的信号装置。在任天堂 Spot 覆盖的范围内，所有人都可以利用 NDS 的无线网络功能，享受任天堂提供的信息服务。

服务内容包括时事通信社带有新闻图片的时事新闻、体坛快讯和娱乐新闻，沿线的天气情况、美食和酒店介绍，甚至还有“法律相谈所”等电视互动节目。

在麦当劳和电车上的尝试获得成功之后，任天堂于 2008 年 10 月全面启动了任天堂 Spot 通讯服务，同时更名为“任天堂 Zone”，以关东、中京（名古屋市的别称）、近畿地区的麦当劳为中心向四周不断拓展。

同时，NDS 的“看不见的信息空间”也在向海外扩展。

美国职业棒球队西雅图水手队的主场——瑟夫科球场是最早的试点[①]。从 2007 年 7 月起，针对 NDS 的信息服务“Nintendo Fan Network”开始试运营，并且于 2008 年 4 月起正式运营。球迷享受这种服务要交服务费，每天 5 美元或者每 10 场比赛 30 美元，但是这丝毫没有影响 Nintendo Fan Network 的火爆。

球迷不但可以通过 NDS 观看水手队的球赛直播，还可以用 NDS 的触摸屏查看包括水手队球星铃木一郎在内的所有选手的信

---

① 1992 年，任天堂收购了亏损严重的西雅图水手队。

息。看球的时候也可以用 NDS 点热狗和可乐，食物会直接送到看台上。

在比赛过程中，Nintendo Fan Network 会发布一些竞猜或者问答，运气好的观众还可以获得水手队选手签名的 NDS 作为奖品。

NDS 开始作为一种通用的信息终端，在大街小巷活跃起来。

NDS 在日本的销量突破 2000 万台时，岩田就开始考虑 NDS 在公共领域和商业设施方面应用的可能性。

“现在在日本街头，NDS 随处可见，不分年龄和性别，每个人都能接触到 NDS，这种普及程度恐怕在日本历史上还是第一次出现。如果能合理利用 NDS 的无线网络功能，让它成为信息接收平台，应该会大有作为吧。”

岩田对于让 NDS 成为“信息接收平台”很有信心。从普及程度上说，手机远远超过了 NDS，但是不同机型手机的核心软件不一样，一般无法共享信息，上网使用的浏览器也各不相同，这大大降低了手机相对于 NDS 的竞争力。

如果有机构希望通过手机发布互动信息，就必须考虑所有主流手机的特性，既繁琐又容易出问题。

对 NDS 来说，根本不存在这种麻烦。岩田也看到了这一点，开始大力推进 NDS 的信息服务。以开拓信息服务市场为目标，开始与手机、掌上电脑等传媒设备抗衡。对于水手队这样的合作伙伴来说，这也是他们创收的一个新途径。大家都满怀期待。

但是，已经成功取得了一定市场份额的岩田并没有乘胜追击、扩展业务的打算。

在2008年4月的决算说明会上，曾经有人问岩田：“岩田社长曾经提出过以NDS为基础设施拓展新业务的设想。那么，您的这一设想何时开始实施，实施以后对任天堂的收益又有何影响呢？”当时任天堂Zone还没有开始在麦当劳试点，但鉴于任天堂之前的表现，记者也好，分析家也好，都对任天堂即将推出的这一服务满怀期待。

岩田说出了自己的真实想法：“我们卖出了2200万台NDS，这不能不说是一个很了不起的成绩，但是没有人知道NDS的强劲势头能维持多久。”

目前的销量虽然很好，但市场是否已经饱和？NDS的超高人气能维持多久？这些都是任天堂必须考虑的。一旦NDS的销量出现下滑，甚至开始退出市场，那么所有针对NDS开拓的新业务的投资都将化为乌有，这对任天堂来说是很可怕的。

所以任天堂Zone也好，Nintendo Fan Network也好，真正的目的并不是要开拓新业务，扩大公司的收益，而是维持NDS的市场占有率。

如果能够让人们感觉到随时带着NDS非常便利，就能维持人们对NDS的热情，从而维持NDS的市场和活力。

对任天堂的研发团队来说，发掘游戏机的潜力责无旁贷。他们的努力尝试使得任天堂的游戏机开始在游戏以外的领域活跃起来，慢慢扩大着任天堂的业务范围。不过，任天堂的决策者们也很清楚，公司的核心价值在于游戏，目标是让人们长期保持对游戏的热情。能触及游戏之外的领域是好事，但是任天堂不应该变成一家大而全却失去了特色的公司。公司的重心不应放在游戏以外的领域。

虽然任天堂并不准备大张旗鼓地冲击游戏以外的市场，但它的作用仍然是不可估量的。

脑锻炼等多款 NDS 游戏在教育、知识传播等领域起到了积极作用。Wii Sports、Wii Fit 等游戏也在保健领域表现活跃。

很多企业和机构都开始将任天堂的游戏机用于游戏以外的领域中。

日本电子公司从 2009 年 4 月起，开始正式利用 Wii Fit 向员工和家属提供保健服务。

美国也有很多酒店将 Wii 作为健身器材使用。2008 年 5 月起，威斯汀酒店在美国纽约等主要城市店面的健身房中都引入了 Wii Fit 和 Wii Sports。

在教育方面，很多机构都在寻求与任天堂合作的机会。以文教出版为主的大型出版社 Benesse Corporation 在 2008 年 1 月，以教科书为出发点，推出了面向中学生的 NDS 系列软件——“用 NDS 拿高分”，被称为“次世代的进修班”。

在学校的教学活动中，游戏机的使用也变得多起来。日本文部科学省[1] 从 2007 年 9 月开始研究 NDS 在教学活动中可能起到的

---

①日本中央政府行政机关之一，负责统筹日本国内教育、科技、学术、文化及体育等事务。

作用。作为试点，文部科学省向日本的13所小学借出了560台NDS游戏机和配套软件，应用于教学。

Wii和NDS出现在课堂上，这是游戏界想都没有想过的事情。

但对此，任天堂只是表达了对各方的感谢和良好祝愿，并未深入到相关领域中。

日本社团法人计算机娱乐协会的会长和田洋一评论说：

“任天堂自从山内时代开始，一直对扩展游戏以外的业务非常谨慎。很少做自己能力之外的事情，既不涉足财经活动，也不爱出风头。不管Wii在健身方面多么流行，公司也从来没有想过向健身这种自己不熟悉的领域扩展业务。”

和田洋一同时也是大型软件企业Square Enix的社长，和任天堂长期合作，关系密切。

实际上，不光是日本电子公司，包括日立、松下等很多公司都开始利用Wii Fit提供健康服务，而任天堂则坚持自己的原则，只提供软件等方面的援助，绝对不参与具体运营。

被问及理由时，岩田给出了一个简单明了的答案：“因为我们是游戏公司。”

即使扩大游戏玩家队伍战略取得了巨大的成功，任天堂实现了复兴，事业领域也得到了扩展，任天堂也始终坚持不偏离“娱乐”这一核心。

岩田一丝不苟地贯彻“娱乐主义”这一原则。这也是任天堂内部一直奉行的不成文的核心理念。

守望任天堂

任天堂把自己的业务领域集中在“娱乐”上，对于扩大组织机构非常谨慎和保守。关于这个问题，社长岩田聪解释说：

“任天堂应该把精力放在最能发挥自身优势的地方。山内社长是这样指导我的，我自己也这样认为。在我们最擅长的领域中，哪怕是很少的人也能做出惊人的成就，否则任天堂不可能在同索尼、微软这些超大型公司的竞争中占有一席之地。对于任天堂来说，决不能把精力分散。在这个前提下，如果碰到我们不擅长的事，最好的方法就是寻求合作，让专业人士来解决，而不是自己勉强去做，得到一个马马虎虎的结果。”

也就是说，任天堂要紧紧把握自己的核心竞争力——电子游戏，除此之外，借助外界力量即可。

其实，就算是和电子游戏相关的游戏机硬件制造，也被任天堂看作是自己核心业务以外的事。

早在 Famicom 时代，任天堂就把游戏机的硬件制造工作外包了。任天堂认为，游戏机硬件和软件的研发是自己的强项，掌握核心技术就掌握了一切，亲自去做低技术含量的制造、组装工作，完全是增加公司的负担。

可以说，任天堂是公司运营的经典范本。不过，它有一个奇怪的倾向——反对扩大公司的规模。

开发 NDS 和 Wii 时，任天堂上上下下忙得不可开交，全公司长期满负荷运转。

岩田说："我们的开发人员经常能想出很多优秀的创意，如果要一一试做，任天堂必须拥有数倍于现在的开发人员。我和宫本商量的结果是维持现状，只对我们两人都非常感兴趣的创意立项，这样公司现有的规模就足够了。"

关于软件的创意不可能全部实现，因此也就没有扩大公司的必要了。渴望加入任天堂工作的人非常多，但任天堂始终没有扩大公司规模，员工人数长期以来一直保持稳定。

2002 年 3 月末，岩田就任社长之前，包括子公司在内，任天堂的员工总数是 3073 人。6 年之后，2008 年 3 月末，员工总数仅仅增加到了 3768 人。

在这 6 年间，任天堂的营业额翻了 3 倍，纯利润翻了 2.4 倍。与之相对，员工人数仅仅增加到了 2002 年的 1.23 倍，如果不考虑临时员工，那么任天堂的正式员工人数只相当于 2002 年的 1.17 倍。

任天堂员工数量的变化

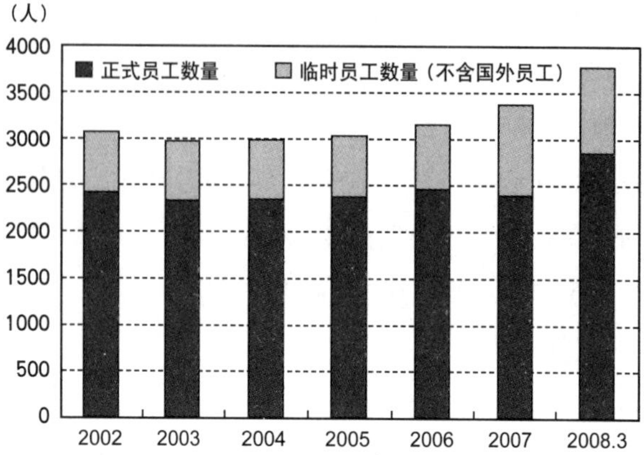

同时，任天堂长期以来一直持有大量现金，坚持无负债运营。截至 2008 年 12 月末，任天堂手中持有的现金和有价证券等现金等价物合计超过了 1 万亿日元。

岩田就任社长以来规模最大的一次并购就是 2007 年 4 月收购 BANDAI NAMCO Games 旗下的 MONOLITH 游戏软件公司。说是最大规模，实际上用于并购的资金只有数亿日元。该公司被并购之前，年营业额为 6.4 亿日元，是一家小企业。

从投资者的角度看，任天堂拥有 1 万亿日元的现金简直就是浪费，除了使资本利润率的分母白白增大以外没有任何用处。对专业投资者来说，最好的企业就是用最少的资本取得最大的收益，而任天堂简直就是一个资本效率低下的典型。

一些投资者认为，任天堂专注于游戏事业是正确的选择，但是应该把取得的利润投入到再生产中，扩大企业规模，从而获得更大收益。

任天堂一直没有进行大规模并购投资，始终坚持“储蓄”的资本政策。对于这项政策，岩田做了解释。

“游戏产业的风险很大，谁都没法保证每一个项目都能获得成功，失败对企业造成的伤害相当大。一次失败就可能让企业损失2000亿日元、3000亿日元，甚至更多。如果没有资金保障，任天堂早就破产倒闭、不复存在了。”

确实，以任天堂开发Wii为例，任天堂的计划是“在2007年3月前生产出600万台Wii”，根据该计划，任天堂订购了零部件和生产线，一台Wii的生产成本按2.5万日元来计算，600万台就是1500亿日元，再加上任天堂已经投入的研发成本，Wii的项目风险超过了2000亿日元。

“去家电卖场转一下就会发现，我们与世界上数一数二的家电生产厂商索尼正处于激烈的竞争之中。对于任天堂来说，储蓄金还远远不够。”

岩田又补充说：“储蓄金实际上还有另外一个作用。任天堂并没有开设自己的工厂，所有的硬件生产都实行外包。在这种情况下，任天堂持有的现金也有保证金的意义。不管任天堂提出什么超乎常规的要求，制造商都会接受，他们清楚任天堂会为自己的订单付账。因此，IBM也好，日本电子公司也好，其他公司也好，都与任天堂建立了良好的合作关系。”

岩田一方面要确保持有足够的现金，另一方面也要应对投资者。他采取的对策是提高企业的分红比率。

从 2005 年开始，任天堂的派息比率就一直维持在 50% 以上。到了 2007 年，红利从每股 140 日元猛增到了 1260 日元，相应的派息比率增至了 63% 的极高水平，而 2008 年预计红利更是达到了每股 1370 日元。

当然，岩田并非没有用收益再投资的兴趣。如果任天堂的现金储备持续增加，达到 1.5 万亿日元甚至 2 万亿日元，那么岩田也有可能进行高额并购。但是有一个问题要考虑，这个问题也是任天堂反对扩大规模的根本原因。

“如果任天堂的员工数量猛增，达到现在的 10 倍，那么任天堂的企业文化就会被冲淡，就像我们常说的‘国将不国’一样，任天堂将不再是任天堂，我们会彻底失去任天堂的灵魂。”

岩田经常用“任天堂的灵魂”这一说法。说起来，任天堂是一个很不可思议的企业，它没有任何所谓的社训或者代表其企业理念的文字。问一下任天堂的员工，企业文化是什么，没有人能明确地说出来，但是所有在任天堂工作的人都觉得“我”就是任天堂的人，“我”就是任天堂的灵魂。

任天堂的灵魂是从山内社长开始一代一代传下来的，你说不出来它是什么，但它就像 DNA 一样根植于每个员工的身上。

员工一旦认同了任天堂，就会很快融入到整个公司的氛围中，打上任天堂的烙印。员工的“血缘”会保护任天堂的传统和灵魂。盲目进行大规模并购，“外人”大量涌入，会冲淡任天堂的血液，让任天堂迷失自我。

“我们惊讶地发现，虽然常常会有人因为家庭或者是其他各种各样的理由离开任天堂，但是任天堂现在的人员构成与20年前相比几乎没有什么改变。”

宫本茂作为全世界首屈一指的游戏制作人，一直受到其他公司关注，经常收到高薪邀请，其他很多工程师也常常碰到这类情况，但他们都选择留在任天堂。

实际上，任天堂的报酬绝对算不上高。

2008年9月，英国经济杂志《金融时报》曾发表过一篇文章，称赞任天堂的收益能力，“在任天堂，平均每名员工能为公司带来160万美元的收益”，“根据最新的预期业绩计算，人均收益为160万美元，远远凌驾于Google（62.6万美元）和高盛（124万美元）等大企业之上”。但是，“2007年，高盛的员工平均年薪是66万美元，而任天堂仅为9.9万美元”。

收入如此悬殊仍然可以留住员工，任天堂的“DNA”功不可没。

岩田说：“守望任天堂是每一个任天堂经营者的使命。任天堂一旦失去了‘个性’，也就失去了竞争优势，就像没有地基的房子一样，很快会被竞争的洪流冲垮。”

因此，任天堂坚持不扩大业务领域，以娱乐、游戏为核心，同时坚持“储蓄”，不进行无谓的并购，保护企业的未来，不盲目扩大企业规模，不做多余的事。

任天堂的灵魂，或者说任天堂的“DNA”，是一种说不清楚、只能亲身去体会的东西。岩田录用新员工的标准也许可以给我们一些启示。

“有创造性，懂得灵活变通。从某种意义上说，这也是任天堂的指导思想。要把用户的快乐当作自己的快乐，也就是要拥有服务精神。这是从山内时代开始，任天堂一直坚守的东西。另外，要有足够的好奇心，这是我们发展的源泉。”

任天堂的“惊”与“喜”

岩田聪曾在网络媒体《HOBO日刊》上提到自己高中时用简单的掌上计算器编程做游戏的事情。

采访岩田的是系井重里。系井重里曾负责制作 Super Famicom 游戏“地球冒险 2：基格的逆袭”。这款游戏从 1994 年开始发售，在开发过程中曾陷入绝境，是当时还在 HAL 研究所工作的岩田出手拯救了整个开发小组。

从那时起，岩田和系井日渐熟络起来，岩田就任任天堂社长后也常常去系井的事务所做客。

岩田　1976 年，我上高二，我的同桌是个非常有趣的家伙。上数学课的时候，我们经常不听讲，一起玩我做的简单得不能再简单的游戏。

系井　那位同学也对编程感兴趣吗？

岩田　那倒没有……他只是对我做出来的游戏感兴趣。其实对于我来说，他是我的第一位顾客呢。

……

岩田 不管是谁，赞赏永远是最重要的东西。得不到别人称赞就很难获得成功。所以，在高中时代遇到我的同桌对我的人生有着重大影响。

高中时代的际遇深深地影响了日后成为任天堂社长的岩田。

“对游戏开发者来说，玩家的认可很重要。认可我们的玩家越多，我们的成就感就越大。任天堂的目标也是获得尽可能高的用户满意度。”

岩田在领导开发 NDS 和 Wii 的时候经常提到“笑容”这个话题。有趣的游戏会换来玩家的笑容，玩家的满意又会换来员工的成就感。产品销售得顺利，代理商也会高兴。业绩增长又可以让投资者满意。一旦形成这种笑容连锁效应，任天堂就有了可持续发展的能力，同时也能承担更多的社会责任，这也是任天堂的终极目标。

岩田微笑着用一句话回答了“任天堂是个什么样的企业”这一问题：

“创造笑容的企业。这也是娱乐产业应该有的姿态。”

任天堂要达成这一目标，“惊”与“喜”必不可少。

用太阳能电池造的“光线枪”作为任天堂早期最杰出的作品，

给全世界带来了巨大的惊奇和无尽的欢乐。之后的 Game & Watch 也好，Famicom 也好，都是前所未有的机型，带来了人们从未见过的画面，让人们惊喜地沉浸在任天堂的世界中。不过随着半导体技术的飞速发展，电视画面变得越来越绚丽。我们的日常生活里充斥着高清晰画面与高性能电脑、手机等便携式电子产品，人们对于传统游戏机的兴趣已经开始转移了，这正是游戏产业衰退的原因。

任天堂经过了长期的萎靡不振之后，凭借 NDS 和 Wii 的横空出世，再一次给世人带来了耳目一新的感觉，这份惊喜造就了任天堂现在的成功。

当然，说起来容易做起来难，要想做出让人惊喜的作品，其中的艰辛不言而喻。

“对于我们来说，工作的最大动力莫过于来自玩家的赞美。即使是宫本这么厉害的家伙，如果把他放到一个封闭的空间中，断绝和外界的一切联系，得不到玩家的反馈，他大概也会一事无成吧。”

岩田如是说。

那么世界上首屈一指的游戏制作人宫本茂又怎么看呢？

——经常要想出一些新奇的点子，会不会觉得很辛苦？

没想过这个问题。

——有没有觉得思维枯竭、做不下去的时候？

当然有啊，我随时都处于这样的状态中。(笑)

——已经有下一个会让我们大吃一惊的创意了吗?

还没有呢。其实我一直都在想新的点子，虽然马上会被自己推翻，但经过五六年的反复思考之后，它们往往就会出现在任天堂的日程表中。所以即使现在没有什么成形的创意，我自己倒不会觉得不安。

——不会有压力吗?

从来没有想过。在我看来，在任天堂工作就是给人们提供快乐，同时也能让自己快乐地工作。

对于任天堂来说，要开发出杰出的作品，除了人才，最重要的当然就是经费了。

前面也提到过，任天堂员工的个人收入绝对算不上高。宫本就多次收到其他公司的高薪邀请，而他愿意继续留在任天堂的一个很重要的原因就是，在任天堂他可以调动相当大的一笔研发经费。

“与工作中可以动用的经费相比，个人的薪酬算不上什么。我们的主要研发人员都有权动用大笔研发经费，而且在必要的时候可以随时向公司申请追加经费，只要有恰当的理由马上就能获得批准。有充足的资金保障对我们来说是一件非常快乐的事。”

同时，任天堂的研发经费预算还在逐年递增，2007 年是 370 亿日元。假设任天堂总部的所有正式员工都拥有研发经费使用权，那么平均每人可以动用的经费就是 3500 万日元。在佳能，这个数字是1200万日元，相当于任天堂的1/3。

另外，只要是和研发相关的事，公司的管理都很宽松，各种手续也很简单，研发人员不用多说一句话，就能获得自己希望得到的资金、技术和人员方面的支持。

"比如宫本，如果他一直在别的公司工作，那么为了能顺利申请到经费，他就要花费相当于现在两倍以上的时间和精力去应对各种琐事。长久下来，宫本再优秀也不可能取得现在的成就。"

宫本在2008年11月16日迎来了自己56岁的生日，这个还有4年就要退休的人依然思维敏捷，活力充沛。

任天堂坚持做其他人没有做过的事，靠独一无二的创意引领游戏界的发展。这与一家美国公司的情形很相似。

任天堂研发经费的变化

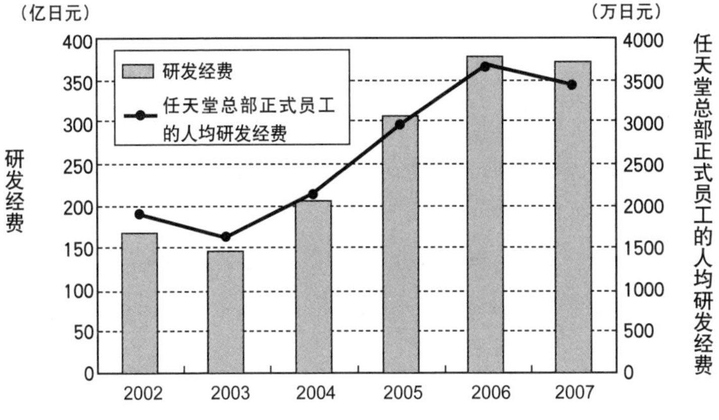

苹果与任天堂

在东京银座，百年老店“松屋”对面，坐落着日本的苹果旗舰店。2008 年 11 月的一天，笔者到此采访。

走出电梯，在四层接待笔者的是负责苹果全球产品营销的高级副总裁菲尔 · 席勒。席勒是苹果公司的时任 CEO 史蒂夫 · 乔布斯的得力助手，苹果的二号人物。

当时，苹果的一款新型笔记本电脑刚刚上市，关于这款笔记本的宣传可谓铺天盖地。虽然预定的采访内容被限定在这款笔记本上，但笔者还是问了一个思索了很久的问题。

“在革新和产品的独创性方面，很多人都认为苹果和任天堂非常像。您对此怎么看？”

席勒回答说：“从这方面来说，苹果确实和任天堂有很多共通之处。我们很尊重任天堂，他们的许多做法非常值得我们借鉴。我个人也很喜欢任天堂，买过任天堂的 GameCube 和 Wii。”

果然，当事者也有同样的感受。

2008 年，笔记本电脑市场陷入了低价风暴。主要的笔记本电脑厂商相继推出了只有 500 美元的所谓“上网本”。到 2008 年底，300 美元的上网本相继上市。整个笔记本电脑市场的利润空间受到极大冲击。

但是，2008 年 10 月，苹果公司逆市场潮流而动，推出了一款新型笔记本电脑“MacBook”。MacBook 最大的突破是轻、薄，它是由整块铝板切削制成的铝合金一体机，号称世界上最薄的笔记本电脑（最薄处只有 0.4 厘米）。

和常见的笔记本电脑相比，MacBook 的输入方式非常特别。MacBook 配有玻璃制的触控板，支持传统的用一根手指模拟鼠标的操作，并且支持双指滚读、开合、旋转、轻扫，以及三指轻扫、四指轻扫、单击、双击和拖曳操作。

MacBook 的这些独特创意受专利保护，其他公司无法进行简单的仿制。

反过来，苹果是否有意参与与其他公司的低价竞争呢?

席勒回答:“虽然很多人最看重价格，而不是一些他们认为可有可无的功能，但是苹果坚持靠创新走在其他公司的前面，让我们成为未来、而不是现在市场价格的主导者。这是苹果长期不变的策略。”

虽然微软的 Windows 系列操作系统占据了 90% 以上的笔记本电脑操作系统市场，但是苹果坚持自己的理念，不断推出让消费者惊喜的产品。在笔记本电脑的低价竞争风暴中，MacBook 以 14.88 万日元的价格抢占了相当大的市场份额。

2008 年 10 ~ 12 月，苹果计算机的销量比前一年同期增长了 9%，其中笔记本电脑的销量增长了 34%，MacBook 起到了至关重要的作用。同时，根据美国调查机构 IDC 的研究结果，同时期全球计算机市场的销量减少了 0.4%，更加印证了 MacBook 的强势。

从 iPod、iPhone 到 MacBook……苹果的宗旨就是，别人做过的我们不做，要做就做最好的，做别人没做过的！苹果在硬件和软件两方面都坚持同一理念。而消费者会为他们获得的惊喜支付苹果应得的报酬。

岩田聪也认为，苹果的行事风格与任天堂非常相似。

“我们力图用独一无二的商品换得世人的惊喜，从而推动企业的发展。从这一点上来说，虽然苹果的产品和我们不同，但是两家公司有着非常多的共同点。”

相似的不单单是两家公司的做事风格，它们的业绩也惊人地相似。

有趣的是，苹果和任天堂一样，由于 Mac 系列产品在营销上的失误，经历了长期的困境，直到 2000 年乔布斯回到苹果重新担任 CEO，苹果的状况才开始好转。非常巧，在同一年岩田加入了任天堂。

iPod 的诞生帮助苹果扭转了逆境，之后乔布斯借助 iPod 为苹果开创了良好局面，接着又在笔记本电脑市场展开反击。这与任

美国苹果公司和任天堂的业绩比较

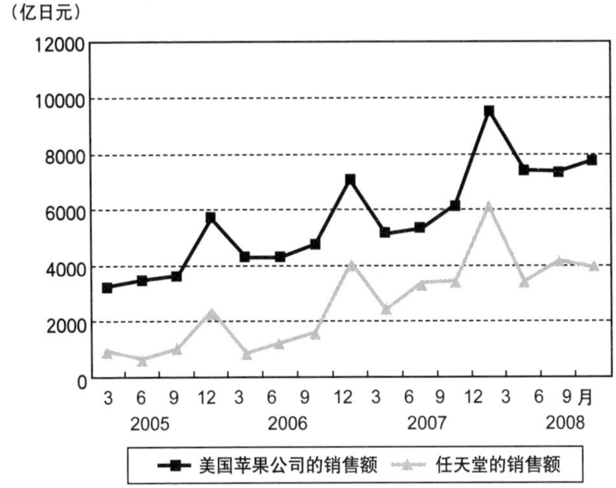

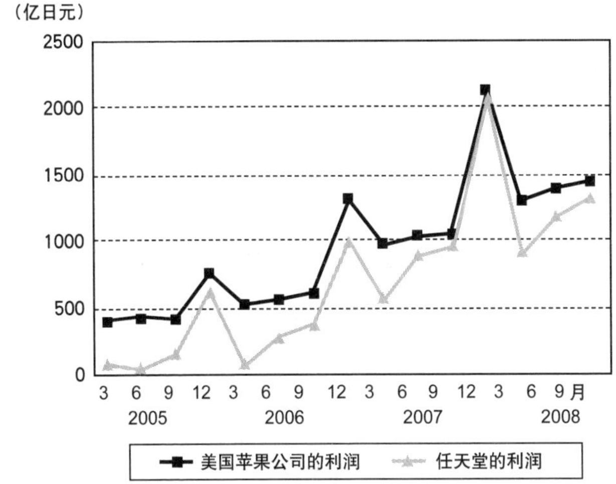

注：按 1 美元 =100 日元计算。

天堂相继推出 NDS 和 Wii 的情形非常相似。

两家公司能走出逆境靠的都是出奇制胜的产品策略。“只做独创性产品”，不管是消费者、投资者，还是媒体，都在期待他们推出下一款产品。

宫本茂这样评论两家公司取得的成绩：

“任天堂和苹果有着非常多的共同点，能够准确预测市场和用户的反应。并不是自夸，苹果也好，我们任天堂也好，在用户能不能接受新产品这件事上，感觉都非常敏锐。”

顺便说一句，岩田本身也是苹果的拥护者，一直在使用苹果的 MacBook 笔记本电脑。在决算说明会上使用的资料，也是用 MacBook 中的软件“Keynote”做的。岩田还拥有从第一代到现在所有型号的 iPod，每一次更新换代，岩田都在第一时间购买。不用说，岩田用的手机也是 iPhone。

但是岩田没有忘记强调任天堂与苹果之间的一点重要的不同之处。

“很多人都说，任天堂和苹果简直一模一样。但是，我们是一家娱乐公司，而苹果是高科技公司，两者在行事方式方面有很多不同之处。虽然我们也会参考苹果电脑的运营模式，但绝不会简简单单地模仿它。”

娱乐之于高科技，换言之，就是娱乐产品之于生活必需品。现代社会对计算机的依赖程度越来越高，已经达到了没有计算机就无法正常生活的地步。手机也一样。MP3 虽然可以算娱乐产品，但是对很多人来说，同样也是生活必不可缺的一部分。

而另一方面，游戏机还远远达不到这种程度，绝对没有人会把游戏机划分到生活必需品中。同时，人们在家中可以利用电脑玩游戏，外出的时候可以用 iPod 或者手机玩游戏，这也直接威胁着游戏机的存在。

对于任天堂来说，必须在越来越严峻的生存环境中谋求长远的发展。

通过做“没用的东西”培养起来的实力

以从来不会被家庭成员嫌弃的电视遥控器为范本，Wii 的手柄也被做成电视遥控器的样子，取名为“Wii 遥控器”。但是，任天堂并不满足于此，最后终于在 2008 年 3 月把 Wii 的手柄彻底变成了电视遥控器。

“现在，人们已经习惯了看电子版的电视节目单。但是当目标不太明确，只是想看一些可能感兴趣的节目时，只能不停地一页一页地翻一遍，这种感觉并不愉快。所以我们决定制作出更容易被大众接受的电视节目单。”

根据社长岩田聪的这一想法，一个新的 Wii 频道“电视之友”诞生了。只要将 Wii 连接到互联网，就能利用节目向导功能，免费收看几乎所有电视节目。另外，还可以用 3D 动画模式查看最近 8 天内的所有数字电视和模拟信号电视的节目单。点击日期或者时间段还可以得到非常详细的电视节目信息。电视节目的搜索操作也变得简洁、明快了。点击电视节目信息中的演员名字，马上就能出现由他出演的电视节目。

这种操作模式对于观众来说非常新奇和方便。

在节目开始前，Wii 会通过电子邮件提醒用户本人或者其亲友注意收看。而且，用户还可以给想看的电视节目“盖章”，盖的章越多，说明该节目人气越高，Wii 会自动收集“盖章”的节目信息，按照性别和年龄段进行统计，供观众参考。

点击电视节目信息中的节目名称或者频道，马上就能切换到选中的电视节目画面。电视频道的转换、音量的调节，都可以通过 Wii 手柄的十字键完成。不想看的时候按一下“Home”键，马上就会回到初始画面。

也就是说，Wii 已经做到了玩游戏和看电视的无缝连接。

面对 Wii 的挑战，电视自带的遥控器完败。这给观众和家电制造厂商带来了极大的冲击。

从某种意义上说，电视是属于家电厂商和电视台的东西，游戏机只有借用电视的时间间隙才能生存下去。而现在，配置了 Wii 的电视已经彻底颠倒了这种主从关系。

岩田总结说：“好的遥控器，功能要做到最强大，操作要做到最简洁，不能让使用者感觉到一丝一毫的不便。如果有什么功能非要看说明书才能搞明白，那就是一件彻底失败的作品。而满足这些要求，正是在游戏界摸爬滚打了 30 多年的任天堂的强项，用我们最大的优势去做遥控器，怎么可能不成功？”

这样开发出来的 Wii 频道还有很多。

比如在怀旧的钢琴曲中，让玩家思绪万千的老照片会一张张出现在屏幕上，随着音乐的节奏缓缓流动，就像纪录片的结尾。这就是 Wii 的照片频道。

岩田时刻都在提醒自己，娱乐产品和生活必需品完全不同，生存环境非常严酷。

“任天堂实际上一直都在做‘没用的东西’，毕竟游戏机不是生活必需品。人们对这种东西通常不会有太多耐心，根本不会看说明书，如果有搞不懂的地方很快就会放弃。游戏软件也是如此，如果玩了 5 分钟还摸不着门道，玩家就会彻底撒手，不再理会。”

而对于生活必需品，即使不愿意，人们还是会强迫自己搞懂用法。游戏就没有这么好的待遇了，在玩游戏的时候，不允许存在一点点令人不愉快的因素。任天堂一直在为这个目标努力，积累了大量经验。

在实施扩大游戏玩家队伍战略的过程中，任天堂不再拘泥于游戏，开始向更广阔的市场迈进。这个时候，任天堂这种“用户至上，不能容忍瑕疵”的小心翼翼的习惯成了巨大的竞争优势。

岩田说：“NDS 游戏也好，Wii 游戏也好，不用看说明书也可以轻松上手，没有任何障碍地获得快乐，这完全是任天堂多年来不断积累的实力的体现。”

脑锻炼、英语学习软件以及之后的 Wii Sports 都是对这句话的经典诠释。在游戏以外的领域，比如 NDS 的信息通讯和 Wii 的电视之友，也充分发挥了任天堂的这一优势。

宫本茂说："配有 Wii 的电视比其他电视用起来更舒服。本来电视用自己的遥控器就足够了，但是家电厂商好像都在怠工呢(笑)，给了我们这个机会。不过，任天堂确确实实一直站在用户的立场上考虑问题，提供最优秀的产品，我们是在最严酷的竞争环境中成长起来的。"

在娱乐产业严酷的竞争环境中，任天堂发展出来的秘密武器还有很多。

焦黑的 Game Boy

在美国纽约洛克菲勒中心的任天堂直销店“任天堂世界”中，有一件特殊的展示品——一台掌上游戏机 Game Boy。

这是一台焦黑的 Game Boy，被小心地放置在玻璃展柜里。屏幕上正在播放俄罗斯方块的演示样片，左下角的说明上面写着“在海湾战争中受损的 Game Boy”。这是一台在 1990 年海湾战争中经历过空袭的 Game Boy。

这台 Game Boy 的主人把烧得焦黑的游戏机带回美国，送给了任天堂世界。就像说明上写的那样，“It still works（它还在工作）!”这台命运坎坷的 Game Boy 至今仍能正常使用。

2005 年 6 月 2 日，美国年轻的登山家尼尔·米勒登上了世界最高峰——珠穆朗玛峰。之后他向媒体描述了自己登顶后的情景。

“我带到珠穆朗玛峰最高点的掌上游戏机 NDS、笔记本电脑和 MP3 这些电子产品中，只有 NDS 一直在顽强地坚持工作。其他产品受到狂风和严寒影响，根本无法启动。”

总之，世界各地都有一些关于任天堂的游戏机“牢不可破”的传说。很多人把自己对任天堂游戏机进行测试的视频发到了 YouTube 等视频网站上，成为网友津津乐道的话题。

在一段视频中，测试者往 Game Boy、PS2 和 Xbox 上扔铁块，然后用大锤子砸，从 2 层楼往下扔……最后还能正常工作的只有 Game Boy。

在另一段视频中，测试者用绳子绑住 GameCube，用汽车拖着到处甩，最后还是能正常启动。

很多人并不觉得这些试验有什么意义，任天堂做的又不是军用产品，制造的时候绝对不会去考虑这些极端的环境。不过，在这些情况下游戏机还能正常工作，还是让人对任天堂产品的结实程度留下了极为深刻的印象。

“可能是因为我们的质量标准比其他厂商高很多的缘故吧。”

就像宫本茂说的，任天堂对于产品耐用性的要求非常高。即使是应社长要求尽可能缩小体积设计出来的 Wii，也没有牺牲一丝一毫的耐用性。

任天堂掌上游戏机的耐用标准是“从 1.5 米高处反复掉落 10 次仍能正常工作”。无论是多么重要的机型，如果试验品不能通过这项测试，就无法获得批量生产的许可。

岩田社长说：“比如，孩子们把游戏机放到自行车的车筐里，在急刹车的时候游戏机可能会被甩出来，地面上当然不会有地毯，肯定是水泥路面，如果这种常见的冲击会让游戏机损坏，那这种游戏机就没有存在的价值。所以我们要求从 1.5 米的高度进行下落试验——虽然常常会因此听到硬件开发部门无奈的抗议，但是我们坚持进行这项检测。”

设计 NDS 的时候，工作人员曾经对数十种 NDS 样品反复进行这样的试验，一直到摔坏为止，然后选择其中抗破坏性强的样品进入下一轮测试。就连平时一直静止放置的 Wii 也有没逃过这一关。Wii 的检测标准是，被 80 千克的重物持续压 1 分钟不损坏。只有经过测试的设计才算过关。

电子产品掉在地上损坏当然要由使用者负责，没有人会去追究生产厂商的责任。不过，任天堂一直坚持对产品进行繁琐的耐用性测试，这种坚持甚至达到了令人震惊的程度。“即使不是厂商的责任，顾客也很容易因为产品的损坏而失去原本愉悦的心情，在不知不觉中对产品产生抵触心理，从此不再购买。”

为了避免发生这种情况，任天堂向用户提供的服务超乎很多人的想象。

Wii 于 2006 年 11 月在美国上市，比日本还要早。YouTube 等视频网站上很快就出现了网友自己拍摄的关于 Wii 的视频。其中关于 Wii 的“事故”视频成了后来网络讨论的焦点。

在一段视频中，一个年轻人在一间类似办公室的屋子里面玩 Wii Sports 中的网球游戏。这是一款轻轻挥动 Wii 的手柄就能轻松控制的游戏，但是玩家却用尽浑身的力气挥舞手柄。结果固定手柄的绳套和手柄分离，手柄飞出去，被狠狠甩在了墙上。

其他视频也都大同小异，比如飞出去的手柄打破了灯泡、窗户甚至电视。这么多“事故”发生的时候旁边都正好有人在拍摄，把这些说成是偶然肯定没有人相信。而且，有些人一看就是有意把手柄扔出去的。

即使是这样，任天堂也马上做出了回应。

2006 年 12 月，也就是 Wii 在美国首发不到一个月，任天堂就加强了手柄上绳套的强度，并且承诺，对全球已经售出的 320 万件产品进行无偿更换。

接下来，任天堂在 2007 年 10 月再次向全世界宣布：“为了使您能更安心地使用我们的产品，经过我公司技术人员的不懈努力，现正式推出 Wii 手柄的保护套，向所有 Wii 用户无偿提供。”

在这之后售出的手柄当然会配上保护套，而对于之前售出的所有商品，任天堂承诺：就像当初更换手柄绳套一样，不但保护套本身免费，而且所有运费都由任天堂负担。这次无偿提供的保护套超过了 1500 万套。

做出这一决定的岩田解释说：“我敢说，这种事情除了任天堂，没有哪家公司做得出来。我们公司的宗旨就是要让顾客露出笑容，哪怕 1000 万个人之中只有一个人不高兴，我们也不会松懈，一定要继续努力，让这个人也满意。”

实际上，从 Wii 上市起，手柄保护套的开发就开始了。和手柄上的绳套不同，保护套会把手柄整个包裹起来，一定会对手柄的操作性造成影响。任天堂前前后后设计了数十款保护套，在对手柄脱手后的安全性和操作性两方面进行反复评估之后，才确定了最终的设计方案。

在岩田看来，由任天堂负担这笔庞大的开发费用和运费是理所当然的。

“这有什么可解释的呢，任天堂内部在讨论这件事的时候，没有一个人因为耗资巨大提出终止这项开发。”

自从 YouTube 上出现 Wii 手柄的“事故”视频后，任天堂就认为这是一个必须无条件解决的问题。实际上，任天堂从成立之始，就一直在提供让常人觉得不可思议的服务。

兵库县宝冢市的一位用户讲述了自己的亲身经历。有一天，当他从包里取出 NDS 时，NDS 上下两个屏幕连接的部位左端裂了一道小缝。由于还在保修期内，用户便联系了任天堂的维修中心，维修中心请他把 NDS 邮寄过去进行检查。

维修中心检查过后，预估的修理时间是两个星期。损坏的部分已经波及 NDS 的触摸屏，因此花的时间会久一些。这位用户并未觉得有什么不妥，开始耐心等待。

出乎意料的是，一个星期之后他就收到了任天堂维修中心寄来的快件，让他惊讶的不是快件中的一台崭新的 NDS，而是贴在旧 NDS 上用作装饰的贴画被用心地贴在了新 NDS 的同一个位置。

任天堂维修中心在修理这台 NDS 时，认为破损处很难修复，决定用新品替换。同时他们把旧 NDS 上的贴画非常小心地揭下来，贴到了新 NDS 上，而且还把旧 NDS 屏幕上的保护膜也揭下来，清理干净后装在一个透明的小袋子里一起送了回来。

在涉足电子游戏领域之前，任天堂是一家玩具公司。他们很早就理解了这一点，对于小孩来说，自己的玩具是非常重要的东西，玩具上 DIY 的装饰，甚至玩具上的小瑕疵，都标志着这是一件属于自己的独一无二的玩具。对于这台 NDS 的主人来说，这已经不单单是“修理”那么简单了，他得到的是任天堂贴心的人性化服务。

这样的事还有很多。在互联网上搜索一下，就能找到很多类似的实例，对任天堂的赞誉随处可见。

现在，在全世界，人们都坚信“任天堂的产品根本不会坏”，“就算坏了也可以放心地交给任天堂处理”。

不过，任天堂这么做的初衷并不是为了公司的声誉。

作为生产非生活必需品的娱乐公司，任天堂认为，必须排除一切消极因素，否则就看不到公司的未来，要花 200% 的心思来提高用户的满意度。哪怕是一点点不满意，也可能会让用户转而支持任天堂的竞争对手。在他们看来，这就是娱乐公司的宿命，所以任天堂尽心竭力地做到让每一位用户满意。至于获得的赞誉，不过是公司为了生存下去而付出的努力的副产品而已。

第五章

从 Game & Watch 开始

能够熟练使用“过时”的技术开发出让人惊喜的作品是再好不过的事。我们应该清楚地认识到，评判游戏的标准并非是否采用了最前沿的技术，而是有没有给玩家带来惊喜和全新的体验。

——岩田

对于“过时”技术的当下思考

1970 年，任天堂的光线枪上市了。

在光线枪的广告中，一个孩子用光线枪射出激光束一样的光线，经过镜子的反射击中了一只狮子的额头。

这让无数的孩子为之怦然心动。

光线枪的定价是 4780 日元，在当时算是很贵的玩具了，但它还是成了家长为孩子选购圣诞礼物或生日礼物时的首选，成为任天堂当时的热销产品。

开发这款光线枪的，是玩具开发课（后升级为任天堂第一开发部）的领军人物——横井军平。

30 年之后，NDS 和 Wii 诞生。在社长岩田聪看来，与 NDS、Wii 最相似的作品就是当年的光线枪。

“NDS、Wii 和横井研发的光线枪是相通的。光线枪采用的并不是当时最前沿的技术，但是把太阳能电池作为感应装置却是前所未有的创意。用‘过时’的技术进行创新，给世人带来前所未有的震撼，这已经成了任天堂 DNA 的重要组成部分。”

当然，实际的光线枪不会像广告中一样射出激光束，只有在瞄准的情况下，枪靶才会有反应。光线枪和孩子们之前接触到的粗制滥造的各种玩具手枪完全不同，给人一种强烈的高科技的感觉。

其实，光线枪的构造异常简单。

在枪口放置一颗小灯泡，扣下扳机的时候会接通电路，点亮灯泡。在枪靶上安装太阳能电池作为感应器，只要有一定强度的光线照射过来，马上就会产生反应：能看到一只吼叫的狮子、一堆被震飞的玩具桶，或是一只爆炸的塑料瓶。

小灯泡装在枪管比较深的位置，没有瞄准的时候，光线照射不到枪靶，枪靶就不会做出命中目标的判断。这就是光线枪的秘密所在。

在大多数人看来，太阳能电池一定是用来提供电能的。

当时还在夏普工作的上村雅之（任天堂企划开发本部第二开发部部长）到任天堂推销太阳能电池。这种太阳能电池虽然叫作电池，但实际上带有感应器的功能，横井马上就想到这东西可以应用到玩具中，最终推出了光线枪这一里程碑式的产品。

把小灯泡和太阳能电池变成谁也没见过的一种“高科技”玩具，这是任天堂对“惊”和“喜”最好的哲学诠释。1980 年，横井的另一件代表作——掌上游戏机 Game & Watch 横空出世。

从1970年开始，在日本以夏普和卡西欧为代表的两大阵营之间发生了一场持久的“掌上电子计算器之战”，电子计算器从办公室走向家庭，最终发展到人手一台。1972年，卡西欧迷你计算器问世，为卡西欧奠定了胜局。

卡西欧迷你计算器对当时的各大家电生产厂商造成了很大的冲击。卡西欧迷你计算器的尺寸相当于当时主流计算器的1/4，价格比其他计算器低1/3，为1.28万日元。发售10个月，销量就突破了100万台，最终的累积销量更是达到了惊人的1000万台。卡西欧迷你计算器的出现决定了此后计算器的竞争走上小型化、低价格之路。

这之后，大多数家电厂商都撤出了计算器市场，只剩下卡西欧和夏普两家公司争夺市场份额。1983年，卡西欧推出了用太阳能电池供电、厚度只有0.8厘米的新型计算器，为这场争夺战画上了休止符。

这场竞争带来的最大成果就是用于计算的大规模集成电路和用于数字显示的液晶显示屏的制造技术日趋成熟，同时造价也大幅度下降。

横井把这些“过时”的技术都用到了掌上游戏机Game & Watch中。

Game & Watch的创意诞生在新干线上。有一次，横井乘坐新干线出差，偶然发现邻座的人由于无聊正在摆弄手上的电子计算器，看到那人全神贯注的神情，横井突然意识到：“如果能开发出像计算器那么小、可以握在手里的游戏机，绝对会造成轰动，从而开发出一个全新的巨大市场。”

横井时不时地会和山内社长一同坐车外出，他把自己的想法告诉山内社长后，两人一拍即合。

1980 年，第一款 Game & Watch 诞生，搭载了游戏——“球”。游戏的设计思路非常简洁，玩家可以通过按动左右两个按钮来控制屏幕上的两只手，接住屏幕上方不断落下的球，确保球不会掉下去。游戏机的大小和普通电子计算器差不多，只有两个按键。售价是 5800 日元，和当时的电子计算器相差无几。Game & Watch 一上市就开始热卖。

Game & Watch 和 NDS 这样的新型游戏机不同，游戏是内置在硬件中的，无法更换。横井凭借首款 Game & Watch 引发的抢购热潮，连续推出了多款新游戏。从 1980 年起，8 年间 Game & Watch 一共推出了 70 多款机型，销量超过了 4800 万台。

在 Game & Watch 的开发过程中，横井留下了一个影响后世的观点：“对于‘过时’技术的当下思考。”意思就是，利用已经成熟的甚至可以说是过时的制造电子计算器的技术，做出一种不同以往的产品。

以光线枪为例。光线枪用的是小灯泡和太阳能电池这类随处可见的东西，但是灯泡不再用于照明而是作为“子弹”，太阳能电池也不再用于提供电力而是用作感光装置，最终造就了一件经典的“高科技”玩具。

“过时”的技术可以带来惊人的效果，同时因为是“过时”的，所以价格便宜，技术成熟，不会超出大众的购买力。横井领悟到一点，游戏并不一定需要华丽的画面，只要能让消费者产生新奇的游戏体验就是成功的。这种“横井流”哲学成了岩田时代任天堂的重要指导思想。

Wii 在设计上最大的亮点就是 Wii 遥控器，任天堂为此下了相当大的功夫。

不过，Wii 遥控器并未采用什么尖端技术。在手机和数码相机上经常用到的“CMOS 图像感应器”，电视遥控器中发射信号用的“红外线 LED”等，随便哪个部件都能在东京的秋叶原买到，都是在全球范围内大量生产、大量消耗的东西，所以货源稳定而且便宜。一个红外线 LED 仅售数十日元。

Wii 遥控器的原理也很简单，用 CMOS 图像感应器去捕捉传感器发出的两个点光源[①]，然后把信息无线传输到游戏主机，就能计算出 Wii 遥控器的距离和指向了。

Wii 遥控器的原理就是这样简单，甚至有游戏迷在网络上公开了自制光源传感器的方法，花费仅数百日元。

Wii 频道中有一个叫作“电视之友”的频道，可以选台、调节音量。

①传感器构造简单，里面带有两个红外线 LED，使用的时候把传感器水平放置在电视的上面或者下面即可。这样就在电视旁固定放置了两个点光源，可供 Wii 遥控器识别。

电视遥控器前方带有一个红外线LED，可以发射信号控制电视机，但是Wii遥控器上并没有这一部件。

Wii主机和电视机之间有电线连接，但那只能向电视传送声音和图像的模拟信号，无法控制电视。同时Wii也没有能控制音频和视频信号的HDMI（高清多媒体数字端口）。

Wii能控制电视是因为传感器中配备有红外线LED。

本来传感器只负责发光，帮助Wii遥控器定位，而开发电视之友的时候，任天堂通过“当下思考”用传感器轻轻松松地解决了遥控电视的问题。

岩田说：“能够熟练使用‘过时’的技术开发出让人惊喜的作品是再好不过的事。我们应该清楚地认识到，评判游戏的标准并非是否采用了最前沿的技术，而是有没有给玩家带来惊喜和全新的体验。”

岩田把横井的思想作为Wii的总体设计思想，贯彻到了Wii的每一个细节上。

在画面质量方面，Wii放弃了高清画面，其图像处理能力仅相当于上一代的GameCube或PS2，使用的是相当于DVD画面水平的SD画面。与支持HD[①]画面的竞品PS3和Xbox形成了强烈的对比。

任天堂并不是没有开发高清画面的能力，只是在他们看来，

① SD是一般数字电视信号标准，分辨率为640×480，HD是高分辨率数字电视标准，分辨率为1250×720。

游戏的易操作性和趣味性是第一位的，用什么样的画质来显示是次要的。为了一心一意地开发 Wii 遥控器和主机的网络功能，他们最终削减了图像处理方面的预算。

经过两年半的开发，出奇制胜的 Wii 取得了压倒性的胜利。

NDS 采用的技术实际上也不是最新的。NDS 的画面分辨率是 256 × 192，而它的主要竞争对手 PSP 的画面分辨率是 480 × 272，单纯计算像素的话，相当于 NDS 的 2.7 倍。然而，画面清晰度更高的 PSP 根本就不是 NDS 的对手。NDS 的触摸屏技术来源于掌上电脑，这又是一个使用“过时”技术的经典案例。

挖空心思采用最尖端的技术不断提升画质和音质，根本无法获得消费者的青睐，毕竟现在是一个到处都是高清画面、高音质音乐的时代。相反，只要有优秀的创意，即使用常规技术和常见零件，也能做出让人惊喜的产品。

NDS 和 Wii 都是任天堂在走过弯路之后回归这一朴素思想的产物。作为这一思想的开创者，横井对任天堂的贡献不言而喻。

游戏天才横井军平

1965 年，23 岁的横井军平大学毕业，进入任天堂。

当时正值任天堂从“花札[①] 任天堂”向“扑克任天堂”过渡的时期。1953 年，任天堂首次在日本发售塑料扑克，大受欢迎。1959 年，时任任天堂社长山内溥获得了和迪士尼合作的机会，任天堂发售的迪士尼扑克空前热卖。

1962 年，专营扑克牌的任天堂在大阪证券交易所上市。任天堂利用上市获得的融资开始了多元化的经营探索，但成果并不理想。

横井在大学期间学习的专业是电子工程，原本希望到大型家电生产企业工作，不过一直没有被录用。

任天堂当时和电子产业沾不上一点关系，但任天堂的工厂距

①花札是起源于日本后传入朝鲜半岛的一种传统纸牌游戏，卡片上画有代表 12 个月的花草，每个月 4 张，共 48 张纸牌。

离横井家很近，再加上它也是唯一一家录用横井的公司，于是横井进入了任天堂。

这也是任天堂录用的第一位理工科出身的新人。仅仅因为离家近而选择了任天堂的横井军平当时并不知道，自己将改变这个世界。

横井学的是电子工程，所以公司给他安排了一个和高科技稍稍沾边的工作——负责扑克牌生产流水线的维护保养。在任天堂，设备保养其实是一项很清闲的工作，于是百无聊赖的横井就利用工厂的边角料搞起了小发明。

在工间休息的时候，横井利用厂里的机器和零件组装了一个机械手状的玩具，用机械控制弹簧伸缩，自娱自乐。社长山内溥例行检查时看到了这一幕。

忐忑不安的横井被叫到了社长室。

“你做的这个东西挺有意思，试着把它改造成玩具，大规模生产吧。”

1966 年，也就是横井进入任天堂的第二年，这个被命名为“超级怪手”的玩具上市了。

横井一时兴起做的小东西加上山内的一句话诞生的这款玩具销量超过了 100 万，成为任天堂该年度最成功的产品。

横井也离开了设备保养的工作岗位，任天堂以横井为中心成立了第一个开发课，专门开发各种新奇玩具。

开发课的第一款产品是可以在屋子里练习棒球挥棒的“超级

机器”，而 1969 年发售的“爱情测试机”则成了开发课里程碑式的作品，大放异彩。

爱情测试机是一款号称能测试爱情指数的玩具。想测试的男女握着对方的手，另一只手握着电极，测试机上的指针就会来回摆动，显示出具体数值。

横井在自己唯一的一本书《横井军平游戏馆》（横井军平著，牧野武文采访、编撰整理，连载于《ASCII 周刊》）中写道：

“因为我学的专业是电子工程，所以想做一款简单的与电子技术有关的玩具。无聊的时候偶尔会玩电笔一类的东西，注意到人体有微弱的电流，于是想做这样一个东西获得和女孩牵手的机会……我自己也确实利用这个玩具握了很多女孩的手，没这个玩具的话还真是没法做到呢（笑）。”

横井自己爆料说，在学生时代他经常参加社交舞会，沉迷于音乐，还经常开车出去兜风，夏天的时候整日去潜水，是有名的“playboy”。

爱情测试机就是由横井的“玩心”凝结而成的作品。也表明横井“对于‘过时’技术的当下思考”哲学正在慢慢形成。

爱情测试机实际上就是普通的类似电笔的电流测试器。在当时随便一个日用品商店都能买到。

不过，横井称这个仪器为爱情测试机并非毫无道理。横井认为，恋爱中的男女手握在一起的时候，由于紧张手上出汗，导电性会加强，再进一步，接吻时由于唾液的作用，两人之间的电阻会进一步减小，爱情测试机的指针就会达到更高值。

横井就是以这个产品为契机，开发出了更多的电子玩具，包括前面提到的光线枪和游戏机 Game & Watch。

任天堂著名的家庭游戏机 Famicom 并不是横井的作品。领导 Famicom 开发的，是出身夏普的上村雅之。

1979 年，上村被山内社长任命为新设立的第二开发部部长。1982 年秋天，Famicom 的研发正式开始。当时，横井还在继续领导团队研发 Game & Watch 后继机型。

但是，如果没有横井研发的一系列电子玩具作为开发新产品的基础，Famicom 的研发就无从谈起，没有 Game & Watch 带来的巨大收益，Famicom 就连启动资金也没有。从这个角度讲，横井也为 Famicom 的诞生做出了很大的贡献。

其中还包括人才的培养。

Famicom 的火爆在很大程度上得益于宫本茂创作的游戏超级马里奥兄弟。最先发现宫本的才能、把他调到开发部门的就是横井。

宫本做出的第一款游戏大金刚的原型就是横井为 Game & Watch 开发的游戏大力水手。

“宫本，一起来开发 Game & Watch 吧！”横井原本想让宫本加入 Game & Watch 的开发团队，但是公司政策的变化把他推向了街机开发。

大金刚中金刚的对手——马里奥的设计灵感也源于横井。

在美国上市的街机游戏大金刚风靡全美。1982年，横井把大金刚移植到了Game & Watch上，并且改造成了多画面游戏。在这款Game & Watch上，出现了世界上第一款十字键。横井的这一创造性发明注定了他将名留游戏史册。

十字键也是Famicom最大的亮点之一。

当时游戏机的手柄五花八门，有圆形的、正方形的，还有棒状的操作杆。横井在Game & Watch上试验了各种操作键之后，推出了操作性和耐用性都非常出色的十字键。

不仅如此，在Famicom上，操作拉杆就能把卡带弹出来的创意也是横井提出来的。

毫不夸张地说，没有横井就没有Famicom的成功。

不过，和Game Boy相比，这些成绩都不值一提。横井对任天堂最大的贡献就是研发出了Game Boy，任天堂在和索尼的竞争中彻底丧失了家庭游戏机市场，是横井的Game Boy帮助任天堂支撑下来，并笑到了最后。

“过时”技术的巨大胜利—— Game Boy

横井军平领军的第一开发部因为掌上游戏机 Game & Watch 的成功获得了公司上下的盛赞，但是当第二开发部推出家庭游戏机 Famicom 后，人们的目光转而聚焦到了第二开发部。

1983 年发售的 Famicom 凭借着超级马里奥系列游戏开拓了家庭游戏机市场，风靡全球。Famicom 首次采用了游戏卡带，改变了之前游戏软件固化在硬件上的开发模式。虽然第三方软件厂商可以开发 Famicom 游戏，但是游戏软件的流通全部由任天堂垄断，为其带来了巨大的收益。

另一方面，Game & Watch 市场饱和，销量开始大幅下滑。第一开发部终止了 Game & Watch 系列产品的研发，制作了一些 Famicom 游戏。比如，从光线枪得到灵感，制作了 Famicom 配套的光线枪，并且推出了射击游戏“荒野枪手”和“打鸭子”。受此影响，Famicom 主机销量激增，Famicom 的光线枪也被评为史上最成功的电视游戏周边设备。横井的团队还富有创意地开发了另一款周边设备——“Famicom 机器人”，该机器人可以与专用游戏联动做出各种简单的动作。

然而，作为任天堂最大的开发团队，这毕竟不是长久之计。横井一直在等待机会开发下一代掌上游戏机。1989 年，像 Famicom 一样可以更换游戏软件的 Game Boy 诞生了。

Game Boy 于 20 世纪 80 年代后半期开始进入正式研发。当时，小型彩色液晶显示屏已经开始批量生产，口袋大小的彩色液晶电视出现在市场上。从技术角度上来说，制造配备彩色液晶屏的掌上游戏机已经成为可能。但是，横井从一开始就对彩色液晶屏毫无兴趣，他最终为 Game Boy 选择了看起来有些“过时”的单色液晶屏。

横井的目标很明确，就是做一款可以更换游戏的 Game & Watch。这款游戏机应该体型小、轻便、电力持久、结实，太阳直射时也能看清屏幕，在任何时间、任何地点都能使用。

横井认为，使用技术还未完全成熟的彩色液晶屏将会导致电池工作时间大幅缩短，昂贵的价格也难以让普通消费者接受。而且，彩色液晶屏无法反射自然光，如果不使用背光照明，在室外就看不清楚屏幕，就算配备了背光，想在自然光下保证屏幕的清晰度也十分困难。

同时，横井判断，Game Boy 毕竟是一款放在口袋里的玩具，如果售价无法控制在 Famicom 的 1.48 万日元之下，就很难得到消费者认同。要让 Game Boy 达到 Famicom 的性能水平，同时配上一块液晶屏，显然很难降低成本。这也是从价格角度考虑放弃选用彩色液晶屏的理由。

横井在任天堂内部力排众议，最终得到了山内社长的支持。山内也认为，“彩色液晶屏耗电，在自然光下难以看清，同时价格昂贵。”Game Boy 的研发方针终于确定了。

但是，即便如此，成本问题依然没有解决。

不管横井如何努力，也无法把 Game Boy 的价格压到低于 Famicom 的水平。特别是分辨率为 160 × 144 的液晶屏，即使用单色的，成本也居高不下。夏普是 Game & Watch 液晶屏的长期供货商，但夏普也无法给予横井其希望的折扣。

Game Boy 的开发停滞不前。正在这时，新一代 Famicom 的研发取得了重大突破，性能得到大幅提升。

即使 Famicom 在全球拥有超强的影响力，任天堂的地位也开始变得不那么稳固了。日本电器株式会社（NEC）于 1987 年推出了家庭游戏机“PC 发动机”，世嘉公司于 1988 年推出了“世嘉 MD”，冲击家庭游戏机市场，对任天堂构成了巨大威胁。已经察觉到这一变化的山内在此之前就指示第二开发部着手开发新一代 Famicom。

日本电器株式会社的 PC 发动机上市之后，任天堂立即对媒体发布了研发 Super Famicom 的消息。

Super Famicom 原定于 1989 年上市，但由于开发进度延迟，几经辗转，最终在 1990 年 11 月和宫本茂的“超级马里奥世界”等游戏一同上市。

PC 发动机、世嘉 MD 和 Super Famicom 都是 16 位主机，CPU 的处理性能是 Famicom 的两倍多，音频和视频处理性能都得到了大幅提升，所以这场竞争也被称作“16 比特之争”。

Super Famicom 的延期上市并没有给任天堂造成过多不良影响，相反，由于不断推迟上市反而吊足了玩家的胃口，最终获得了压倒性的胜利。

一直冷眼旁观的横井称这场“16 比特之争”为“划时代的错误”，继续坚持自己的“过时”技术路线。

通过分析西铁城公司制造的便携液晶电视，横井的第一开发部看到了曙光。

西铁城公司采用了在液晶面板背面直接焊制电子电路的技术，这可以简化制造工艺，大幅降低成本。横井数次前往西铁城总部进行交涉，最终初步达成了双方都满意的意向。

但是，就在西铁城的负责人到任天堂总部进行正式谈判的同一天，横井去了夏普。他回到第一开发部之后说：

“夏普同意把价格降到和西铁城相同的水平，那还是选择夏普吧。”

横井并没有向大家详细解释原因，不管怎样，解决了液晶屏的成本问题之后，横井还是为夏普开了绿灯。当时，周围有很多人认为，因为夏普在“Game & Watch 时代”给了横井很大的支持，横井这么做是一种“感恩”的表现。

另一方面，因为得到了世界上首屈一指的游戏公司任天堂的开发部长横井的承诺，夏普马上投资40亿日元购进了新设备，扩大了生产规模，但这很快就发展为横井所说的“人生中最重大的危机”。

横井最初的设想是采用电子计算器与Game & Watch上用的单色TN液晶屏，他向夏普承诺的自然也是这种TN液晶屏。TN液晶屏即使从很小的角度看也能清晰地看到屏幕上的图像，在Game & Watch上从没出过问题。

横井拿着第一台Game Boy样机，自信满满地去见山内社长。他在自己的书中描述了当时的情况。

当山内首次看到采用TN液晶显示屏的Game Boy时，对昏暗模糊且残影严重的画面非常不满：“这是什么？完全看不清楚啊！”确实，从正面看，屏幕画质确实非常差。社长严肃地说：“这样的东西怎么能卖得出去！”

Game & Watch的机体是长方形的，玩家横向握着游戏机两端玩游戏，通常是从斜上方看屏幕。而Game Boy的机体是纵向的长方形，玩家一般手握机体下部，视线和屏幕是垂直的，这时由于太阳光、灯光在屏幕上形成反射等诸多因素影响，画面会变得昏暗。也就是说，TN液晶屏在阴暗、对比度低的情况下画面会变得难以辨认，而横井一直没有发现这个缺点！

横井马上下达了停止生产的通知，但是一想到夏普已经投资

40 亿日元以确保生产规模，他就有些不寒而栗。

横井向夏普解释，并且介绍了新型 STN 液晶屏的情况，希望由生产 TN 液晶屏转为生产 STN 液晶屏。夏普答应了这个要求。STN 液晶屏虽然在视线和屏幕垂直的时候没有显示效果方面的问题，但却存在另一个缺点，画面刷新速度过快的时候会出现残影。也就是说，STN 液晶屏的画面响应时间较长，但这已经是留给横井的唯一一个解决办法了。

在“高科技”成为一种流行时尚的游戏机市场中，即使是在任天堂内部，也一直有很多人质疑横井的做法。横井当时已经被逼上了绝路，只能把最后的希望寄托在 STN 液晶屏上。一旦出问题，个人的声誉倒还是小事，一起合作的夏普也会受到拖累，遭受重大损失。在那之后的半个月里，横井为此寝食难安，意志极度消沉。

所幸夏普送来了让人振奋的好消息。夏普的开发团队不但提高了 STN 的画面显示质量，而且缩短了画面响应的时间，解决了残影问题。

新的样机终于得到了山内的认可。1989 年 4 月，Game Boy 顺利上市，售价为 1.28 万日元，比 Famicom 便宜了 2000 日元。

Game Boy 上市之初，并没有获得媒体的好评。画面是单色液晶屏，用 4 节碱性电池供电，音乐用的也是与 Famicom 相同的模拟电子音乐，而且是单声道。不过，横井却非常自信，这是他在任天堂长年总结出来的思想结晶。

Game Boy 的画面虽然只是四色的，但显示得非常清楚，没有任何瑕疵。4 节碱性电池可以连续工作 35 个小时，按照每天玩两小时计算，可以玩两周。

同时考虑到孩子玩的时候可能会出现的各种意外，Game Boy 很结实，使劲儿扔到地板上也不会损坏。

可以随时随地轻松娱乐，并且可以像 Famicom 一样随意更换游戏，甚至还有联机对战功能，这对孩子们来说已经足够强大了。所以，面对同时上市的一些彩屏掌上游戏机的挑战，横井显得从容不迫。

1990 年 10 月，世嘉的彩屏掌机——游戏齿轮上市。

游戏齿轮广告中有一句话，明显是在挑战任天堂："你的游戏机还是黑白的吗？"

游戏齿轮的色数远远超过了 Famicom，是 4096 色的。如果同时购买游戏齿轮的一款周边设备，还可以收看电视节目。

但是，世嘉迎来的却是一场惨败。游戏齿轮用 6 节碱性电池供电也只能玩 2～3 个小时，在室外画面惨不忍睹，而且包含电池在内重达 500 克，有普通饭盒那么大。没有多少人愿意走到哪里都带着这么一个重量级的掌上游戏机。

与此相反，Game Boy 凭借轻巧灵便的机体和俄罗斯方块、口袋妖怪等经典游戏席卷全球，奠定了任天堂在掌上游戏机市场上的霸主地位。2000 年，也就是 Game Boy 上市的第 12 年，其全球销量超过了 1 亿台。

色数、画质、音色，都不是让游戏机变得有趣的根本条件，横井的这一理念在 Game Boy 上体现得淋漓尽致。

横井一直坚持自己的理念，即使是在任天堂全力开发 N64 时，也毫不动摇。实际上，横井比岩田和宫本更早意识到了“游戏的危机”。

永远的横井军平

通过一个类似双目镜的机器，玩家眼前就会出现一个由红色的点和线构成的立体世界，一个三维的舞台。玩家可以控制一个小球在这个世界里来回滚动，玩家的视角也会随着操作而改变。

这就是 1995 年任天堂发布的 3D 游戏机——Virtual Boy，是横井军平领军的第一开发部的作品，也是横井在任天堂的最后一款原创作品。

这是世界上第一款 3D 游戏机，同时也是在激烈竞争中诞生的产物。

1990 年，16 位游戏机的竞争以 Super Famicom 的胜利告终。家庭游戏机的主战场开始向 32 位游戏机发展。最具代表性的就是索尼电脑娱乐公司在 1995 年发布的 PS。

任天堂为了对抗 PS，于 1996 年开始启动 64 位游戏机 N64 项目。当时横井正在进行一款单色 3D 游戏机的研发。

美国的 Reflection Technology 公司于 1991 年发布了利用高辉度 LED 构成立体三维影像的最新技术，这项技术在航空和军事领域得到了越来越多的应用。

其技术原理是将双眼中同时生成的相同图像叠合成用点与线组成的图像，由于左右两眼的成像存在时差，因此会形成一个立体影像空间。不过，限于当时的技术力量，这项研究成果还只能使用单色液晶显示屏。

横井对此非常感兴趣，决意利用它来开发新一代掌上游戏机。

根据横井的设想，这款游戏机和 Game Boy 一样，也采用单色屏幕，分辨率为 384×224，比 Famicom 稍高，价格要控制在 1.5 万日元以下。

当时，任天堂的主要精力都放在 N64 的开发上，所以横井能动用的资源非常有限。

横井在自己书中提到了开发 Virtual Boy 的初衷。

“回避游戏创意不足的一条捷径就是参与 CPU、画质、音质的竞争，用高性能来弥补游戏本身的不足，但这无异于饮鸩止渴。长此以往，任天堂会远离游戏的本质，彻底迷失自己，变成一家只重视硬件性能的动画公司。我希望用 Virtual Boy 让游戏回到自己该走的路上。”

从 8 位到 16 位，从 16 位到 32 位，从 32 位到 64 位……“真彩”“真人语音”，游戏开始变得浮躁，离人们的心灵越来越远。

在横井看来，这只不过是一种“肤浅的改良”。

如果任天堂一直走这种路线，就没有未来。岩田聪在2002年成为社长的时候强烈地产生了同样的感受，但是横井在1995年就提出来了，并且尝试通过自己的努力去改变这种状况，这就是横井的Virtual Boy。

但是很遗憾，Virtual Boy在市场上遭遇了惨败。一方面，横井受到了浮躁的游戏业界的批评，更主要的是，虽然Virtual Boy用单色画面勾勒出了令人震惊的3D世界，但是这种立体景象无法在电视和杂志等平面媒体上再现，除了实际体验过Virtual Boy的人，其他人很难体会到其令人震撼的乐趣。另外，任天堂当时的主要精力都花在了N64的宣传上，对Virtual Boy支持不足。这些都是阻碍Virtual Boy普及的重要因素。

Virtual Boy在日本仅售出15万台，在全世界也仅售出120万台，创下了任天堂游戏机的最低销售纪录。但是，横井的Virtual Boy留给了任天堂巨大的精神财富。

1995年，横井在游戏杂志《JUGEMU》上发表了自己对于Virtual Boy的看法。

“在电视屏幕上不管出现多么了不起的画面，人们都不会觉得惊奇，毕竟是司空见惯的东西，而一种全新的、立体的世界会给人们带来无限乐趣，让人们每天都能有新的体验。”

继横井之后，岩田和宫本也意识到技术至上的理念会给任天堂带来巨大的伤害，最终回归到了“趣味性”和“惊喜”，用NDS和Wii把任天堂重新带回了游戏界霸主的位置。宫本有时会以“老师”称呼横井。

“现在，只要看到一个有意思的零部件，我们就马上会想，这东西可以用在游戏机的什么地方。这也是横井前辈之前一直在做的事，这已经慢慢变成了任天堂的企业文化。同时，像横井前辈一样，我们也很少会采用最前沿的技术来开发新的游戏机。不过，每每从游戏杂志或者是游戏展上看到业界的最新动向时，心里还是会有些不安：我们这么做真的没问题吗？但只要一想到横井前辈，心里就会踏实下来，只有抛弃技术至上的路线，任天堂才是真正意义上的任天堂。”

横井的成就不单单局限在硬件方面，他几乎参与了所有70余种Game & Watch游戏的创意和开发。

另外，他也制作过几款Game Boy游戏。

横井当时的部下泷良博说：“当横井的大脑中只有游戏的时候，他的注意力非常惊人。”比如，横井开发的“马里奥医生”这款游戏，创意就来自俄罗斯方块。

在超级马里奥兄弟这类横轴游戏和“勇者斗恶龙”这类角色扮演游戏盛行的时候，俄罗斯方块登场了。俄罗斯方块是一款非常单纯的游戏，只需要把屏幕上方掉落下来的7种几何图形整齐排列好即可，在日本，它不仅让孩子着迷，成年人也为之狂热。

任天堂在俄罗斯方块流行之初就迅速地把俄罗斯方块移植到了Game Boy上，Game Boy版的俄罗斯方块销量达到400万套，这也是Game Boy热卖的动力之一。就像脑锻炼对于NDS的意义一样。

俄罗斯方块的超人气也引得日本国内的游戏厂商竞相效仿，类似的益智类游戏层出不穷。横井也加入到了这一潮流中。

在横井看来，俄罗斯方块是一款单纯、有趣的游戏，最接近他理想中的“游戏本源”，所以他对这款游戏极其痴迷。横井曾经连续一个月从早到晚不停地一边玩俄罗斯方块，一边思考新的点子。

最终完成的马里奥医生与俄罗斯方块类似，但是加入了任天堂传统的马里奥元素，玩家要将下落的胶囊按色彩组合。这是任天堂的第一款益智类游戏，也是仿俄罗斯方块类游戏中最有人气、寿命最长的一款。

Game Boy 版的马里奥医生售出了 200 万套，Famicom 版的马里奥医生也售出了 150 万套，之后根据马里奥医生还派生出了好几款系列游戏。这也是横井对当时游戏机发展中“性能至上派”的有力回击。

1996 年 8 月，时年 54 岁的横井军平提出辞职。翌年 9 月，横井在京都成立了一家名为 KOTO 的小型玩具制造厂。

关于横井离开任天堂的原因，当时众说纷纭。有人认为，横井是在主动为惨败的 Virtual Boy 负责，也有人说横井和山内社长吵架之后分道扬镳。泷良博一一否定了这些猜测。

横井曾经说过，“50 岁的时候要提前退休，去自由地做一些自己喜欢的事情”，所以 54 岁离开任天堂实际上比他的计划还要晚一些。

几十年间，任天堂凭借着Game & Watch、Famicom、Super Famicom和Game Boy，从京都的一家花札生产厂成长为世界上数一数二的超级游戏公司。

作为元老的横井军平日益感到责任重大，每当迫不得已做一些不喜欢的事情时，心里总是感叹离自己理想的工作环境越来越远。横井希望能回到当年只是为了和女孩牵手而发明爱情测试机的状态。

横井退出任天堂后，在自己的书中写道：

> ——或许现实世界和虚拟游戏世界中的我可以互补，所以想出了很多有意思的点子吧。
>
> ——比如，为医疗领域做一些东西应该很有意思。在开发Virtual Boy的时候，因为涉及日本的产品责任法，我们获得了一次和医疗界人士交流的机会，并最终达成了一项共识：在身体康复、疗养等领域加入游戏元素是一件非常有益的事情。
>
> ——我现在正在思考如何把游戏的乐趣和医疗相结合，这样生产出来的产品也算是体现了“对于‘过时’技术的当下思考”吧（笑）。

1997年10月4日，也就是KOTO成立1年1个月时，横井军平在日本北陆地区遭遇了一场交通事故，不幸辞世，享年 56 岁。

危机感、娱乐、惊喜、“过时”技术、当下思考……

这些岩田和宫本用来复活“游戏的任天堂”的关键词，都出自横井的作品和理念。

毫不夸张地说，是横井缔造了任天堂 DNA 的主体架构。对于任天堂来说，横井应该被永远铭记。

不过，还有一个人不应该被遗忘。

就是那位给予横井施展才华的机会、提携了岩田和宫本的任天堂第三任社长——山内溥。

很多知情者评论山内和横井的关系时都会说：

“那已经不是上下级的关系了，俨然就是父子。”

横井去世后，山内和横井两家仍然关系融洽，两个家族在一起吃饭也不是什么新鲜事。

不认真了解一下山内溥，任天堂的传说也就无从谈起。

第六章

依靠软件属性生存

山内这个人最爱说的一句话就是，“娱乐业的产品绝对不可以和其他产品雷同”。不管看到什么产品，他问的第一句话总是“这东西有什么独特的地方”，如果对方回答“没有什么不同，但这是非常棒的产品”，那等来的必然是震怒的山内的严厉训斥。对于娱乐产业来说，最重要的就是做“跟别人不同的产品”。

——岩田

山内溥的领袖魅力与“直觉经营”

在日本山伏[①] 的总本山[②]——京都圣护院的附近,沿着一条勉强能通行一辆车的小路前行，可以看到一栋沟渠环绕的别墅。玄关非常气派，陈列着一些古董，还有一块写着“大器”的木牌。

这座豪宅的主人就是实现任天堂中兴的第三代社长——山内溥。

2002 年 5 月，山内溥把任天堂交给了春秋正盛的岩田聪，从社长的位置上退了下来，只保留了任天堂顾问的职务，之后就一直住在圣护院附近的家里。

“我已经从任天堂退休了。一个辞掉社长职务的人还在媒体面前喋喋不休，难道不是很奇怪的事情吗？我也不会再谈论以前同事们的事。”

①山伏为日本佛教修验宗行者的总称，又称山卧、修验者、行者。

②本山是日本佛教用语，指佛教特定宗派内被赋予特别地位的寺院。

隐退之后，山内推掉了所有关于任天堂的采访，但是山内的目光仍然犀利，时常通过传真了解任天堂的重要决策，对以岩田为核心的领导层仍然具有举足轻重的影响力。

以前也好，现在也好，所有任天堂的员工都认为山内是一个具有非凡领袖魅力的人。

山内的这种领袖魅力是任何人都无法模仿的。和喜欢动用大量数据进行佐证的岩田不同，山内一贯靠直觉行事。岩田评价说：

“从任何角度来说，山内社长都是一位了不起的人。直觉非常敏锐，总是能一针见血地发现问题的关键。虽然他隐退了，但偶尔还是会打电话过来，问的都是最关键、核心的问题，只要他愿意，就能马上回来担任社长，不需要进行交接和磨合。在这方面，我可完全不行。”

说起来，山内是个让人觉得不可思议的人。岩田是个游戏迷，各类电子游戏都乐于尝试，宫本和横井本身就是游戏软件的开发者，而山内除了因为要对产品进行评价而接触游戏机以外，从来不玩游戏。

隐退以后，虽然对于 NDS 和 Wii 的所有资料知之甚详，山内也从来没玩过。

不过，这丝毫不影响他对产品的判断，有人开玩笑说山内有一双“千里眼”。

“可以同时玩两个游戏吗？”

1980 年，山内看到新款掌上游戏机 Game & Watch 之后，突然给横井出了个难题。山内是非常严厉的人，他任社长期间很少有人敢当面驳回他的指示。当时 Game & Watch 用的液晶屏和现在流行的液晶屏完全不一样，只能显示提前设计好的图形。要把两个游戏收录到一个画面里，难度非常大，而且成本也会上涨。

最终，横井在一台 Game & Watch 上配置了两块液晶屏，做出了一款多屏显示的 Game & Watch。玩同一款游戏，但是上下两个屏幕显示的图像却不一样，这种多屏 Game & Watch 成了该系列产品中卖得最好的一款。

前面也提到过，掌上游戏机 NDS 有两个屏幕也是源于山内。山内退休的时候给继任者留下的一个关键词就是“双画面”，而岩田和宫本经过思考，最终造就了使用触摸屏的双画面 NDS。

Game & Watch 促使任天堂最终决定进军电子游戏界，山内当初决定大力支持 Game & Watch，也完全是出于直觉。

有一天，山内要外出，但是司机不在，山内坐在凯迪拉克车里等司机的时候，恰巧碰上刚回公司的横井。横井把自己在新干线上看到邻座的人由于无聊玩电子计算器的情景和自己关于便携式游戏机的想法简单地向山内做了报告。

当时山内只是“嗯嗯”答应了两声。结果外出办事的时候意外碰到了当时夏普的社长佐伯旭，山内马上就跟佐伯谈起了横井这个设想，两人一拍即合，为 Game & Watch 的研发铺平了道路。

山内自身对于电子产品并不十分了解，也绝对算不上电子游戏领域的专家，但却经常能抓住机会，快速做出重大决策。正是由于山内的领导才能，任天堂才从“京都的花札工厂”升级为世界级游戏企业。

山内不经意间说的话经常成为之后任天堂成功的重要提示。

这样的情况日积月累，山内的领袖魅力也随之增加。毫不夸张地说，任天堂的员工会把山内的指示当作神的旨意，即使有异议也会绝对服从。

在这种体制下，难免会产生一些摩擦，但是只要山内一声令下，所有人都会马上按照他指定的方向努力。

说好听一些，山内是一位风格强硬、极具领袖才能的社长。说不好听一些，山内是一位独断专行、实行“独裁专制”的社长。但也正因为山内敏锐的目光加上垄断管理，任天堂才有了今天的辉煌。

Game & Watch 获得了巨大成功之后，山内首先用盈利还清了所有债务，然后把剩余资金一股脑地砸在了家庭游戏机 Famicom 的研发上，同时果断地从大型街机中抽身，终止了任天堂正在参与的所有街机项目，把任天堂能调集的人力和物力都投入到 Famicom 的研发中。

宫本回忆当时的情景时说：

“Famicom 这个项目刚刚启动的时候，我还在开发新的街机，竹田玄洋也和我在一起。山内社长下达‘全面终止街机项目’的指示后，所有街机研发小组都立即转去开发 Famicom 了。”

任天堂当初为了维护和销售街机，还特别成立了一家名为任天堂 LEISURE 的子公司。在 Famicom 上市之后，任天堂通过兼并直接吸收了这家子公司。山内的这一系列做法让靠做街机游戏大金刚崭露头角的宫本非常震惊。

当然，最后的结果表明这个决断极为明智。

岩田评价说："任天堂在非常早的时候，或者说是在竞争对手还根本没有出现的时候，就凭借 Famicom 奠定了家庭游戏机领域的霸主地位，而之后的事实也说明街机迟早会被淘汰。现在看来，山内社长的决断非常英明，可当时，很多人都觉得这简直就是胡来，但拜社长专制的特权所赐，山内社长的指示得到了很好的贯彻，任天堂才有了今天的辉煌。"

"在那样的时代背景下，只有山内这样目光敏锐的强势人物才能把一间小工厂变成一家全球数一数二的跨国公司。至于我，不要说做了，光是想想也知道，现在的任天堂是没法依靠强权来管理的。"

横井军平对山内的专制管理也非常赞同。

横井离开任天堂的时候，很多媒体纷纷猜测他离职的原因，其中有一种说法认为，横井不满意山内独裁的管理风格。

其实横井曾经在 1996 年 11 月号的《文艺春秋》上发表文章，澄清这一问题："我认为任天堂能发展到现在这样的规模，与山内社长的专制密不可分。"横井在任天堂提出要做 Game & Watch 的时候，几乎遭到了所有人的反对，但是山内社长力排众议，下令开始研发。结果，任天堂十几亿日元的负债变成了十几亿日元的流动资金。

Famicom也正是因为山内的英明决断才得以顺利问世，开辟并且抢占了家庭游戏机市场。

1980年（根据1981年8月的统计结果），任天堂的销售额是239亿日元，利润43亿日元。之后，Game & Watch、Famicom、Game Boy、Super Famicom相继问世。到了1992年（根据1993年3月的统计结果），任天堂的销售额达到了6346亿日元，利润为1592亿日元。

也就是说，任天堂在山内的领导下，12年内销售额增长到了之前的27倍，利润增长到了之前的37倍。

当然，山内也有马失前蹄的时候。

任天堂的业绩（1980～2001）

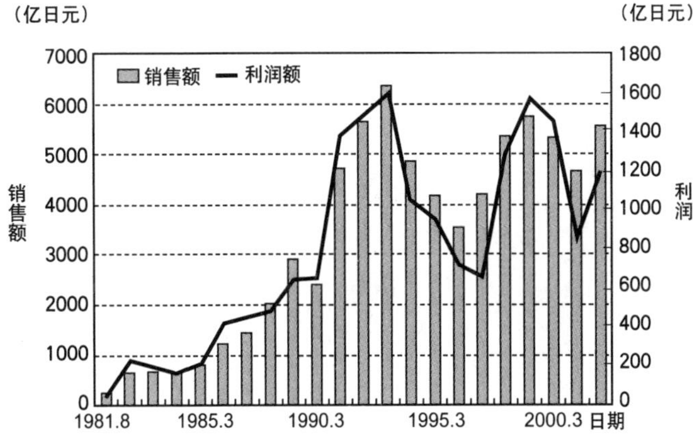

任天堂曾在家庭游戏机市场遭到索尼强有力的挑战，无力反击。1995 年（根据 1996 年 3 月的统计结果），任天堂的销售额下降到 3542 亿日元，利润下降到 719 亿日元。此后，虽然 Game Boy 凭借口袋妖怪等超人气游戏依然势头强劲，但是任天堂的销售额一直没能超越 1992 年创下的纪录。

2001 年（根据 2002 年 3 月统计结果），也就是山内引退前的一个财政年度，任天堂的销售额为 5548 亿日元，利润为 1191 亿日元。

但是，山内并没有放弃努力。

他做出了一个可能是这一生最重要的决定，赌上了任天堂的未来，这也再一次显示出了山内的远见卓识。

最后的决断

2002年5月，74岁的山内溥决定正式引退。

“其实只要身体状况允许，我也不会轻言引退，但人始终无法完全掌握未来，故此要定下一个限期让自己退下来。当然不会有人来跟我说，你这个糟老头子该退休了，这纯粹是我的个人判断。”

山内担任任天堂的社长长达52年，任天堂不断发展壮大。山内的体力和精力已经不足以支撑他继续管理如此庞大的企业，所以他为自己选定了接班人，正式退休。

山内在引退时，并非只简单地进行了交接，他下了最后也是最大的一次赌注。

岩田聪说：“在游戏业界，最早指出电子游戏处于不健全状态的可能就是山内社长。也许是因为他很少站在开发一线，能够俯瞰全局，也可能是他自身的直觉。不管怎样，他比我和宫本更早地意识到，继续走技术路线没有出路。”

游戏软件逐渐走上了高画质、高音质、大容量的不归路，如果卖得好，马上就会推出第二代、第三代、第四代等一系列产品，直到把这个题材的利润榨干为止。

最先产生危机感的是横井军平，可他在独自摸索解决之道时，却于1997年因交通事故不幸过世。但是横井的声音并没有消失，山内继横井之后开始呼吁业界同人正视这个严峻的事实。

1997年9月，山内在KONAMI公司的一次会议上发言说："游戏软件业正面临着危机。现在的游戏一味追求画质和性能，这样制作出来的产品未必能吸引用户，却会给研发成本带来巨大的负担，最终影响资金周转。"

在翌年9月的另一次会议上，山内继续阐述这一观点："大容量游戏不应该是今后的发展方向。这样做会令很多厂商由于开发成本的提升而陷入崩溃，也会很快使玩家厌烦。游戏产业的本质应该是不断开发出趣味性强的新产品，在创意上下功夫。"

山内认为，在游戏业界，创意和能给人带来惊喜的东西正在逐渐消失。山内的预测和岩田感受到的危机不谋而合，这也正是确定扩大游戏玩家队伍战略的原因。

可惜的是，山内的想法也仅仅停留在想法的层面上。在当时，岩田的扩大游戏玩家队伍战略、NDS、Wii还都没有实现的条件。

山内擅长的管理模式是，发现类似横井这样的人才并委以重任，确定经营理念，判断下属的创意，对成型的产品提出改进意见。

但是山内不具备策划具体产品的能力，无法给一线开发人员具体的引导。

任天堂在 Super Famicom 之后连续推出的两代家庭游戏机 N64 和 GameCube 均以失败告终，彻底失去了和索尼抗衡的资本。在掌上游戏机方面，也只是靠不断改良横井留下来的 Game Boy 维持局面，拿不出新的创意。掌上游戏机的软件方面也面临同样的情况，除了口袋妖怪之外就再也拿不出像样的作品了。

因此，山内的主动引退更多的是在寻求管理风格的转变，希望将任天堂带出低谷。

山内指定的继任者岩田从最基层的编程开始做起，精通游戏软件制作，而且性情温和，不独断专行，能接纳各方面的意见，甚至能做到和每个基层员工沟通，完全是和山内互补的类型。

山内积极地为岩田接任社长铺平道路，把任天堂的管理模式由社长一人专权变成了集体领导模式。2002 年 5 月，任天堂正式进行社长交接，山内指定了以岩田为社长的六人领导核心，除了岩田，还包括主抓软件开发的宫本、主抓硬件开发的竹田和其他 3 人。

岩田说："山内在任天堂的地位至高无上，他引退以后，我们面临的最大课题就是如何保持体制的向心力和凝聚力。拜山内所赐，他在最后阶段留下的这种管理模式至今仍然运转良好。"

山内说："在打算辞去社长一职的时候，我正在构思双画面的掌上游戏机，但内容和功能到底是什么，只好留给接班人继续思考了。任天堂虽然在此前连续遭遇了不少挫折，败给索尼陷入了危机，但潜力仍然巨大。任天堂当时并没有负债，相反，手上还有大量流动资金，足以应付一时急需。在这种情况下，如果还不能把下一代双画面掌上游戏机做好，那么只能说上天也要抛弃任天堂了。”山内的继任者没有让他失望。看起来，山内好像又一次凭直觉做出了一个很成功的决定，而实际上，这其中浸透着他长期积累的经验和成熟的管理思想。

以软件为核心

为什么山内溥会选择岩田聪作为继任者？是出于直觉还是什么？这个问题笔者一直想向他本人求证。

山内回答说："如果说任天堂有什么挑选人才的标准，那就是看这个人是否具有软件属性。我只要接触到一个人，就能判断出这个人具有硬件属性还是软件属性。可能因为我自己就是软件属性的人，所以对此比较敏感吧。"

在采访山内的过程中，他不停地提到软件属性，不单单是选人，山内的经营思想也完全建立在软件属性的概念之上。

在山内看来，所有的产业不外乎两大类，硬件产业和软件产业。汽车、钢铁、造船、家电……这种生产实物的企业属于硬件产业。换句话说，硬件企业生产的产品对于人类的日常生活而言是不可欠缺的。

生产实物 = 硬件 = 必需品。对于这一领域的企业来说，削减成本、提高品质至关重要。

这些企业一方面努力进行技术革新，另一方面不断追求廉价的劳动力和厂房等资源，以提高生产效率。这样，我们的日常生活才会变得越来越便捷，越来越丰富。

物质生活的丰富使人们开始产生提升精神生活品质的要求，娱乐产业由此兴起。

娱乐产业的所有特征都和硬件产业不同。娱乐不是生活必需品，所以当人们对一种娱乐产品不满意的时候，可以很轻易地丢弃不再使用，或者是从其他企业寻找替代品。技术、性能和价格不应该是娱乐产业的核心，服务、产品的娱乐性和趣味性才是至关重要的。

也就是说，使娱乐产业立足于不败之地的是新奇的创意，而不是先进的技术和高性能、低价格。

山内认为，任天堂身处资本主义和市场经济的洪流之中，能够在激烈的市场竞争中脱颖而出，靠的就是任天堂高层的软件属性。

山内说："如果我是一个硬件属性的经营者，恐怕任天堂也不会发展到今天。从 Famicom 到 NDS、Wii 的诞生都和软件属性有着直接关系。如果真的出了一个硬件属性的管理者，为了任天堂的发展，我肯定会劝他辞职。"

确实如山内所说，软件属性得到发挥的时候，任天堂就会一帆风顺。

横井军平做的超级怪手在山内的关注下进行了改进，一投入市场就大受欢迎。

家庭游戏机 Famicom 上市的时候，山内特别关注游戏软件的流通情况。任天堂规定，所有第三方厂家制作的 Famicom 游戏都必须交给任天堂统一录制卡带、统一销售，任天堂甚至拥有拒绝一款游戏上市的权利。

山内认为，Famicom 游戏机本身只是一个外壳，游戏软件才是 Famicom 的核心利益所在。任天堂对于 Famicom 游戏的管制杜绝了粗制滥造，充分保证了市场上游戏软件的质量和趣味性。当然，也为任天堂带来了巨大的利润。

同时，在任天堂，硬件属性占据主导地位时，公司的经营就开始走下坡路。家庭游戏机 N64 就是一个很好的例子，崇尚硬件性能、造成软件开发难度大幅提升，最终招致失败。

山内反省说："员工中有很多硬件属性的人。当然不可能把他们辞退。所幸在开发 Famicom 的时候，具有软件属性的社员占大多数。但不幸的是，之后硬件属性又慢慢占了上风，所以做出了 N64 那样只重视硬件性能的产品。当时，我很不满，看到 N64 的时候，第一个想法就是'完了，任天堂竟然做出了这样的东西'。"

当然，这并不是说硬件不重要，硬件是软件的基础，软件能否发挥魅力还要靠硬件的性能来支撑，只是在这两者之间，应该把软件放在优先地位考虑。

"在游戏业界，硬件和软件是一个统一的整体，没有硬件，软件就无从谈起，重要的是把重点放在谁身上。比如，索尼坚持的路线是以硬件为主，强调硬件的性能和华丽的画面。任天堂则相反，虽然也重视硬件，但重心还是放在软件上。我相信，将来的任天堂也应该走这条路。”

岩田很好地继承了山内的这一思想。当然，山内留给后任的远不止这一点。

用新颖的创意贯彻娱乐的精神

前文提到，任天堂没有明确的企业理念或社训。

山内解释说："我对于企业理念这一类字眼相当厌恶，非常抗拒这类东西。现在，社会上出现了越来越多对经营一知半解的评论家，也出了很多经营类的图书，但完全不知所云，读者千万别以为那是集经营者之大成的作品，想要拿来参考的话，必须先好好想清楚。一个人的思想如果不是来自自身的经验，就不具备任何指导价值。所以，在任天堂不会出现这些像口号一样空洞的东西。"

山内的这些思想对以岩田聪为首的继任者影响非常大。

2008 年 10 月，任天堂举行了经营理念说明会，在回答问题的时候，岩田插入了一段小插曲。

"现在，站在这里的 6 个人都是山内社长的门生。山内社长最爱说的一句话就是，'娱乐业的产品绝对不可以和其他产品雷同'。

不管看到什么产品，他问的第一句话总是‘这东西有什么独特的地方’，如果对方回答‘没有什么不同，但这是非常棒的产品’，那等来的必然是震怒的山内的严厉训斥。现在，任天堂上上下下都非常清楚，一定要做‘与别人不同的产品’，这已经深深地刻在了任天堂的 DNA 之中。”

山内经常对下属进行各种教育，出发点只有一个——保护任天堂的软件属性。山内反复告诫岩田和宫本，如果游戏无法让玩家感到惊喜，无法做出和其他厂家不同的东西，那就意味着企业的消亡。必须认清楚生活必需品和娱乐产品的不同点，时刻都要有危机意识。

所以，生产者必须注重用户界面的反应速度、操作的舒适性，游戏的操作要简洁明了，产品要坚固，服务要到位……

山内强调的另一个特质是谦虚。

宫本说：“山内一直教导我们‘人必须要有自知之明’。他非常讨厌自大的人。虽然自信和自大之间的差别不比一张纸厚多少，但山内对此极为敏感，一旦任天堂内部骄傲自满的情绪开始抬头，他马上就会发觉。”

山内的后继者们同样继承了这一思想。

在 2006 年 3 月的 E3 电子娱乐展上，任天堂展示了预定于 12 月上市的家庭游戏机 Wii。媒体好评如潮，对这款继 NDS 之后诞生的独特产品赞不绝口。

岩田马上向山内报告了 E3 电子娱乐展的动向。山内一方面很欣喜：“不错，做出了很像样的东西！”另一方面也提醒岩田：“NDS 成功并不代表 Wii 就能成功，不到上市决不可以掉以轻心。”

实际上，作为山内的后继者，岩田的头脑也很冷静。他回忆了当时的情景，说：“Wii 在 E3 电子娱乐展获得了众多好评，全公司都很兴奋，有些浮躁。于是竹田玄洋提醒大家：‘别着急，还没做完呢！’我也对大家说：‘现在离最后的成功还有一大半的路要走，必须戒骄戒躁，笑到最后。’”

贯彻娱乐精神，要做就做与别人不一样的产品，认识到游戏和生活必需品的区别，做清醒的自我评价……山内这些非常明确的思想凝结成了任天堂现在的企业文化。那么，为什么任天堂没有明确的企业理念或社训呢？

前面讲过，山内非常讨厌所谓的社训，对此，岩田补充了自己的理解：

“没有社训实际上非常符合任天堂的精神，如果每个人都按照别人想出来的社训工作，那任天堂的创造性从何而来，怎么可能做出独特的产品呢？”

要做出与别人不同的产品、做出与自己以往不同的产品，必须灵活机动地应对市场变化，过去成功的做法并不是灵丹妙药，必须不断地思考……

所以，岩田认为，如果一方面强调创造性，另一方面要求大家忠实履行写在字面上的规矩，那是非常可笑的。

对于山内的思想，继任者们都有自己的理解和发展。也正因为这样，任天堂才得以在不断的创新中向前发展。但是不管怎么变化，最核心的思想一直代代相传。

是山内造就了任天堂现在的辉煌。

所有的成功都不是一朝一夕得来的，山内和任天堂一起经历了无数的风风雨雨和失败的洗礼。

第七章

从花札工厂到世界级企业

我们从事的这个行业，天堂和地狱只有一墙之隔。

——山内

京都的纨绔子弟与扑克

任天堂总部位于京都的上鸟羽。从任天堂总部出发向西南步行十几分钟，就会看到一家名为南弥荣的出租汽车公司的总部兼营业所。这是以三叶草为注册商标的弥荣集团旗下的一家公司，员工 150 人，拥有 84 辆出租车。

这家公司一直在使用最初成立时的办公楼，在这栋 4 层的茶色建筑上，还留着南弥荣成立时的公司名——大屋出租。

几乎没有人知道，这家公司曾经是任天堂的子公司。

出租、食品、复印机……在这个时代不会有人相信，任天堂几乎做遍了当时认为有可能赚钱的所有领域。不过任天堂并没有盈利，在这些经营中得到的更多的是负债和倒闭的危险。

在经历了各种各样的危机之后，任天堂最终明确了游戏这条发展道路。

山内溥是任天堂第一代社长山内房治郎的曾孙。没有生下男孩的山内房治郎把女婿认作婿养子，这就是第二代社长山内积良、山内溥的祖父。山内积良同样没有生下男孩，他把出身于手工艺人家庭的女婿稻叶鹿之丞认作婿养子、让其改姓山内，并且希望鹿之丞能继承家业。

1927 年 11 月，鹿之丞的长子山内溥出生。

不可思议的是，已经改姓山内的鹿之丞在 1933 年离家出走。山内溥改由外祖父母抚养，外祖父母就像管理公司一样对他严加管教。然而，不服管教的山内溥长大后却成了一个傲慢而轻率的少年，对外祖父母的叛逆与漠视也随着年龄的增长有增无减。第二次世界大战结束后，山内溥前往东京，进入早稻田大学法学部学习。

“来自京都的纨绔子弟”是对山内溥大学生活的最好概括。他住在东京涉谷区的高级住宅区，当时那里住的大都是美国军队的高级将领。他和朋友一起住在祖父山内积良购置的一套房子里，每天进出高级餐馆，嗜酒，热衷于台球。1949 年，正值大四的山内溥接到了外祖父山内积良中风病危的消息，他的浪荡生活从此画上了句号。

实际上，在山内鹿之丞离家出走的那一刻，山内溥的人生之路就已经被规划好了。山内积良要求山内溥立刻退学，回到京都接任任天堂的社长职位。山内溥很平静地提出了几项条件，其中最重要的一条就是:“在公司中，山内家族的人有我一个就足够了。”这意味着任何威胁到山内溥权威的人都将被毫不留情地赶走。山内积良勉强答应了他的要求，不久便辞世了，没有亲眼看到任天堂日后的辉煌。山内溥以22岁的年纪开始执掌任天堂，成为第三任社长。

当时，任天堂的社名为“山内任天堂”，主力产品是花札纸牌，还在以传统的方式经营。公司先把材料发放到各个从事手工业副业的小作坊，经过精细的手工加工后，再由公司员工骑着自行车收回成品。山内溥刚刚继承家业的时候，遭到了公司很多老员工的排挤，他们抱怨道：“一个花花公子能做什么？”而山内溥凭借强硬的手腕赶走了所有的反对者，开启了这家家族企业近代化的进程。

1951年，公司改名为“任天堂骨牌”，即Nintendo Karuta。Karuta是葡萄牙语，扑克的意思。之后，任天堂开始建造自己的工厂，购进先进的机械设备。1953年，日本第一副塑料扑克诞生了。

塑料扑克耐磨损、不易脏。当时正值日本战后经济发展的黄金时期，任天堂发展得一帆风顺。1959年，任天堂又获得了一个绝好的发展机会，推出了迪士尼扑克。

当时的扑克花样很单调，只有简单的数字和花纹。而任天堂在1959年获得了迪士尼的授权，开始在扑克上印制米奇等经典卡通形象。

扑克本来只是成年人用来赌博、游戏的工具。现在这种迪士尼扑克明显将未成年人当作了潜在用户，而且扑克里还附上了一些流行的玩法说明。迪士尼扑克一炮走红。

山内溥由此体会到了娱乐产品的爆发力和创意、想象等软件属性的重要性。但是，他还没有下定决心引领任天堂走上游戏这条路。

成王败寇

1962 年，任天堂在大阪证券交易所和京都证券交易所上市。翌年，更名为任天堂有限公司 (NCL)，并沿用至今。

意气风发的任天堂开始在扑克以外的业务领域大展拳脚。然而，这使任天堂陷入了长达 20 年的低谷。

山内溥预见到 1964 年东京奥林匹克运动会之后日本的汽车会逐渐普及，于 1960 年开设了一家出租车公司。1961 年，方便面还是个新奇的东西，山内随风而动又开设了一家以生产方便面为主的食品公司。

山内由迪士尼扑克得到灵感，开发出了迪士尼拌饭、大力水手拉面等产品。之后又独立开发了简易复印机和电子计算器，开始向办公用品领域进军。

任天堂的这种经营策略说好听一点是多元化，实则是迷失了自己前进的方向。

迪士尼扑克的市场开始饱和，任天堂的收入锐减，而开发新事业的投资短期内无法收回。山内回忆那段时期说："当时，我对于到底应该干什么完全不知所措。"任天堂盲目扩大生产规模的结果就是把自己逼进了死胡同。

大量投资，产品滞销，无法偿还负债，资金周转恶化。任天堂随时都有可能彻底崩溃。山内一方面为了资金四处游走，一方面也在找寻一种类似花札和扑克的稳定的产品。

1965年，任天堂的救星——横井军平出现了。

超级怪手、超级机器、爱情测试机……

没有太多技术含量的材料，只要有了横井的新奇创意，销量就能达到几十万甚至上百万。

横井在这个时期提出了"对于'过时'技术的当下思考"这一理念。最成功的代表作就是光线枪，这也是任天堂历史上具有划时代意义的一款作品。

而山内同样是在这个时期从横井身上悟到了任天堂以后的发展方向——任天堂应该是一家娱乐公司，创意是任天堂的灵魂。

山内处理掉出租车公司和食品公司，把公司的资源都集中到了玩具和娱乐产品上。不过，这并没有立即解决公司面临的问题，在这之后，等待任天堂的是更严酷的洗礼。

光线枪这款高人气产品的一个弊病是次品率太高，但是山内毫不在意，他从光线枪上看到了电子玩具时代来临的信号。山内问横井：

“我们的光线枪能不能用来玩竞技游戏？”

当时，在日本用空气枪练习打靶的竞技活动方兴未艾。领命而去的横井不久之后就有了一个“光线枪打飞碟”的创意。

1973 年，世界上第一家激光飞碟射击场开业了。这是由保龄球场改造而成的一块场地，保龄球轨道尽头的屏幕上显示着一个飞碟由远而近的虚拟影像，玩家用光线枪射击，如果被判定击中目标，屏幕上的飞碟就会四分五裂，像是真的被击碎了一样。

这种新奇的玩法吸引了大批玩家，好评如潮，射击场人满为患。日本各地的订单如同雪片一样接踵而至，这种火爆在任天堂的历史上还是第一次，全体员工都被动员起来手忙脚乱地准备要发往各地的设备。

但是，破碎的不只是屏幕上飞碟的虚拟影像，还有任天堂的梦想。是年，第一次石油危机爆发，日本经济饱受摧残。

不但没有新追加的订单，已经下的订单也纷纷被取消。任天堂原本预计，到 1974 年 8 月年度销售额会大幅增长，结果反而同比下降了两成，减少了 35 亿日元，而负债则扩大到了 50 亿日元，无异于从天堂直接坠入了地狱。1977 年，山内迎来了 50 岁生日，任天堂的经营状况丝毫没有好转的迹象。山内也常常问自己“真的就这样完了吗”。横井再一次出手拯救了任天堂，推出了 Game & Watch，任天堂历史上最热卖的一款产品之一。任天堂不但还清了所有负债，还积累下来一大笔启动资金，开启了辉煌的任天堂时代。

山内感叹道："我们从事的这个行业，天堂和地狱只有一墙之隔。"

他一方面决意在娱乐行业开创一片天地，另一方面也深深体会到这个行业的瞬息万变。

山内深知创意的重要，但是他也说："并非只要一味思考就能获得成果。和长年累月的冥思苦思相比，也许瞬间的灵感更重要，这种瞬间的思维火花可能燃起一场轰轰烈烈的燎原之火。"实际上，超级怪手也好，Game & Watch 也好，都源于瞬间的灵感。

这个世界并不公平，因为努力不一定有结果。对一个经营者来说，能否在瞬间做出正确的决策，对企业的发展至关重要。比如，在 NDS 上使用触摸屏，就是岩田和宫本在饭桌上决定的。

山内的思想几乎都是从长期积累的经验中得出的结果。

失意泰然，得意淡然

在任天堂的文化中，软件属性、创意等都具有举足轻重的作用，但让人想不到的是，大家同时也认为，“时运”非常重要。

山内溥作为一名成功的管理者，从来不炫耀自己的管理才能，总是强调自己的软件属性和运气。即使任天堂处于N64和GameCube的低谷时期也是如此。

“Game Boy和口袋妖怪同时诞生是任天堂时来运转的时刻。任天堂能拥有这么多具有软件属性的人才，而且能很好地相互配合，只能说是任天堂的运气好。”

山内认为，NDS和Wii的成功也有运气的成分。

“脑锻炼、NDS导航等在游戏以外的很多领域都颇有建树，为NDS的普及做出了很大贡献。这些游戏软件开拓了新的业务领域，吸引了很多新用户，对任天堂来说具有重大意义。其实当初大家想的只是怎么才能卖出更多NDS，绝对没有人预料到会有这样意外的惊喜。这也是任天堂的时运吧！”

山内的继任者大都认同他的看法。岩田在任天堂公司主页的“社长讯”中曾经写过这样一段关于 NDS 热卖的看法。

他认为，一方面，这是全体员工努力的结果，但多多少少也存在一些幸运的成分。努力不一定会有收获，但是努力做正确的事最终一定能获得成果，而且往往还会得到一些上天额外的恩赐。尤其是在产品销售这件事情上，人力不能控制的部分占了很大的比例。

把时运交给上天，自己只需要全力以赴做自己的工作。

这也是山内家族定下的任天堂社名的由来，也就是我们熟知的“谋事在人，成事在天”的意思。山内经常向公司内外解释：“我并不是要大家把自己的事情做完之后等待天命，努力永远都没有尽头。”“虽然最终的结局是上天决定的，但只要还没有到最后一刻，我们就要尽自己的力量做到尽善尽美。”其实这与西方所说的“上帝只垂青有准备的人”是一致的，虽说是“任天”，但也要清醒地认识到“天助自助者”。

心里时时对上天怀有感激之心。处于困境时会想，这是因为现在时运不佳、努力还不够，没有得到上天的青睐，从而继续努力下去。身处顺境时也会从这个角度解释，让心情平静下来，心平气和地去做下一件事。这也是山内在瞬息万变的市场竞争之中追求的境界。

失意泰然，得意淡然——这是山内的座右铭。山内常常这样提醒自己，也以此提醒继任者们。

任天堂是靠灵感和创意成长起来的，山内对严峻的行业环境有着清醒的认识，并且累积了丰富的经验。

山内从开始执掌任天堂到主动辞职离开，其间经历了半个世纪的风风雨雨。山内不再是任天堂的社长，但他的思想却深深地刻在了任天堂的DNA中。

山内的思想和室町时代纸牌工厂的精神有着异曲同工之妙。

“纸牌职人”的冒险之魂

2009年9月，任天堂迎来了创社120周年纪念日。

山内房治郎于1889年9月在京都创立了花札工厂任天堂，当时日本的自由民权运动如火如荼，《大日本帝国宪法》就是在那一年制定的。

任天堂拥有120多年的传统和历史，但与江户时代（1603～1867年）后期兴起的花札、室町时代（1338～1573年）舶来的纸牌相比，任天堂的创业时间并不算早。

在三省堂[①]出版的辞典《大辞林》中，对纸牌有这样的解释：

“游戏、博彩使用的纸牌。通常为较小的长方形厚纸片，绘有图画或者文字，根据具体的种类每副牌的数量不定。通常有和歌纸牌、伊吕波纸牌、花札、扑克等类型。”

---

①日本的一家出版社，主要从事日语和外文字典、辞典、百科全书以及教科书的出版工作。

纸牌第一次出现在日本是16世纪后期。当时，日本的“南蛮贸易①”方兴未艾,以葡萄牙为首的船队带来的舶来品中不光有大炮、毛皮，还有被称为扑克的纸牌。在日文中纸牌被写作“カルタ”，就是葡萄牙语里纸牌的音译，或者干脆被写作读音类似的汉字“哥留多”。

到了天正年间（1573～1591年），日本九州的手工艺人模仿进口的扑克，做出了日本历史上第一副国产的“天正纸牌”。

当时使用的是木版印刷，纸牌上印有颜色鲜明的西洋风格图案。花色不是现在流行的红心、黑桃等，而是模仿欧洲扑克中的刀剑、圣杯、货币、棍棒，每种12张，一共48张。

这种充满异域风情的纸牌一开始只是日本士兵们打发时间的游戏道具，之后慢慢普及，最后变成了赌徒们的赌博工具。

1597年，丰臣秀吉派出14万日军第二次侵略朝鲜。准备出兵的日军在肥前（今日本佐贺县旧城）集结。丰臣秀吉亲眼目睹了纸牌在军中的流行。之后，土佐（今日本高知县旧称）的大名②长宗我部元亲发布了日本第一道禁赌令。

纸牌削弱了士兵的士气和战斗力，并且扰乱了社会风气。

此后，纸牌的发展开始受到政权的压制。不过，虽然屡被禁止，却仍流行不衰。

---

①安土桃山时代（16世纪中期至十七世纪初期）日本与西班牙、葡萄牙等国商人之间进行的贸易。

②日本封建时代对领主的称呼。

丰臣秀吉死后，德川家康掌权，日本进入了最后一个幕府——德川幕府的统治时代，即江户时代。纸牌的主要生产地由九州迁到了京都，同时在日本的庶民阶层中兴盛起来。以日本浪人为中心的赌场逐渐繁荣，社会问题日增。

幕府和诸藩多次下达禁赌令，但是收效甚微。最终，幕府下令关闭所有生产纸牌的工场，从源头上断绝了使用纸牌赌博的行为。天正纸牌开始退出历史的舞台。

但是，工匠的技艺不会消失，印刷用的木板也很容易刻制。在天正纸牌消亡的同时，起源于江户时代的和歌纸牌诞生了。

简单地说，和歌纸牌就是把日本独有的诗——和歌的上下句印在两张纸牌上，同时还印有诗人的肖像。

《百人一首》《古今集》《万叶集》……几乎所有的和歌都被印制到了纸牌上。纸牌的外形没有变，但是玩法和格调已经不一样了。用现在的话说，游戏机硬件没变，但是开发出了新的游戏软件。已经无法作为赌博工具的和歌纸牌，开始被社会上流阶层接受，成为一种休闲、益智玩具，甚至是艺术品。纸牌工匠有了新的收入来源。

江户时代的手工艺人们并不满足于现状，他们准备开拓新的市场。这次他们的目标是社会下层的老百姓。普通百姓受教育程度不高，很难接受和歌这种艺术形式。所以，在江户时代中期诞生了伊吕波纸牌。

这种纸牌每副96张，其中的48张纸牌每张写有一句《伊吕波歌》外加以“京”字为首的谚语，称为读牌，另外的48张纸牌上有与其内容相关的48幅图画与文字，称为花牌。48张读牌和48张花牌组成一副，将花牌在榻榻米上排成一排，迅速取走读牌人读到的花牌，得牌最多的人获胜。

这个时候，纸牌工匠中出现了两种声音。纸牌主产地京都的手工艺者力推伊吕波纸牌，认为这种纸牌对基础教育具有积极影响，会得到孩子父母或者是祖父母的支持，可以拓展纸牌的业务领域。

另一派力挺天正纸牌，抵制禁令，同时他们改进了纸牌，把原来西洋画风的图案全都换成了和风图案。在江户时代中期（18世纪初），出现了一种新的纸牌——运顺纸牌。

和天正纸牌相比，一副运顺纸牌的张数增加到了75张，采用日本传统中的“七福神”等作为图案。游戏性得到了大幅度的提高，并且入门更容易，因而很快就在民间传播开来。有了天正纸牌的先例，运顺纸牌没多久也被用在了博彩游戏中。18世纪中期，推行重商主义的田沼意次政权放松了对纸牌赌博的控制，纸牌又迅速在社会上兴盛起来。

之后，日本政权更迭，到松平定信掌权时期，他进行了风纪改革，全面取缔运顺纸牌，市面上除了有教育作用的伊吕波纸牌之外，所有的纸牌产品都销声匿迹了。

而与此同时，日本纸牌游戏杰作花札的前身——花纸牌诞生了。

花纸牌的创意和运顺纸牌不同。运顺纸牌和现代扑克以及天正纸牌一样，用数字标示大小，所以很容易被赌徒利用，难逃被取缔的命运。

这次工匠们设计了不使用数字的花纸牌，用每个月具有代表性的植物和动物作为纸牌的标记，比如 1 月对应的是松树和仙鹤，10 月对应红叶和鹿。天正纸牌分为 4 组，每组 12 张，花纸牌则按月分为 12 个月，每个月 4 张纸牌，力争给人们一种鲜明的印象——花纸牌和传统的纸牌是完全不同的两种事物。

这种全新的纸牌马上成了人们关注的热点，但是仍然没能逃过和其他纸牌一样的命运。

没过多久，也被叫作花札的花纸牌人气越来越旺，引起了幕府的注意。1841 年，作为天保改革的一环，老中[①] 水野忠邦发布了《江户花札骨牌禁止令》，全面禁止所有纸牌。

此时，距离山内房治郎开创任天堂还有 48 年。48 年后，纸牌又迎来一个发展的高峰期，而眼光敏锐的房治郎继承了纸牌艺人的经验和顺应时代变化的才能，抓住了这个机会。

1868 年，日本经历了明治维新，幕府彻底退出了历史舞台。明治政府一如既往地禁赌，所以除了具有教育功能的纸牌以外，所有纸牌产品都被取缔，在地下赌场盛行的花札也不例外。

然而，随着日本闭关锁国政策的解禁，16 世纪传入日本之后就销声匿迹的扑克再次出现在人们的视野中。这为花札的再次兴盛创造了条件。

---

①官职名，又称之为阁老或是年寄家。

明治时代的人看到西洋人经常玩一种叫作“trump”（音译为扑克）的纸牌游戏，误以为纸牌就应该叫作“trump”。所以英语里面的“playing cards”，在日本就变成了“trump”，这是日本特有的一种叫法。

当时，日本人希望国家能尽快强大起来，流行所谓的“文明开化”，崇尚、学习西方的一切。社会上层人士、知识分子受西方影响，也开始玩起扑克来，带动了整个社会风气的转变。虽说明治政府明令禁止赌博，但是当时日本推行“脱亚入欧”的国策，对西洋舶来品的崇拜几近盲目。而后，社会上又兴起了一种论调——花札作为日本产纸牌也应和扑克享有同等待遇。

明治政府终于在1885年准许了花札的生产和销售，在1889年对所有纸牌产品全面解禁。山内房治郎就在这一年建起了自己的花札工厂。

山内房治郎出身于手工艺人家庭，但是颇具商才，对市场的预见和把握能力很强，富有冒险精神。

花札解禁之后迅速热卖，但是随之兴起的赌博也甚嚣尘上，成了严重的社会问题。

明治政府在1902年再次出手，颁布了《骨牌税法》，对纸牌类产品课以重税，希望能起到抑制纸牌传播、净化社会风气的目的。当时，正值日本宣扬富国强兵，处在日俄战争前夕，所以《骨牌税法》也是增加国家税收、支持军费开支的一项举措。

这项政策的直接后果就是导致大量花札工厂倒闭，花札业最为繁盛的京都地区，大批工匠失业，花札的发展再次跌入低谷。

但是，任天堂生存了下来。

山内房治郎看到舶来品——扑克在日本一枝独秀，很早就开始研究如何利用花札的生产技术生产扑克。在《骨牌税法》实施的那一年，任天堂推出了日本第一副国产扑克。同时，任天堂开创了一套独有的物流体系，其影响开始向全日本扩展。

村井吉兵卫被称为“东洋烟草之王”，于1890年生产出了日本第一根国产香烟，仅用了数年时间，其产品就席卷了全日本。山内房治郎正是借用了村井吉兵卫的烟草流通网络，扩大了扑克的销路。

扑克的大小同香烟差不多，在不改造现有设备的情况下就能直接运输。山内房治郎和村井都是京都商人，很有共同语言，并且没有竞争关系。他诚恳的拜访最终打动了村井，任天堂的扑克借助香烟的销售网络被送往全日本。

进入昭和时代，任天堂发展为日本最大的纸牌公司。

1929年，任天堂的第二任社长山内积良将公司改名为山内任天堂，建起了一栋钢筋混凝土建筑，作为公司的总部。并且成立了一家名为“丸福”的子公司，开拓自己的物流网络，为任天堂此后的发展奠定了基础。

纸牌·扑克 制造厂 山内任天堂

如今，在京都鸭川附近的一栋旧建筑上，仍然保留着这块让人感慨良多的公司名牌。

纸牌已传入日本400年，花札诞生于200年前，任天堂创立也超过120年了。它不断积极、灵活地适应市场变化，创造了丰富的企业哲学。

作为创业者的山内房治郎，准确地把握了市场走向，开拓创新，其精神被后世很好地继承下来，最终使任天堂成为世界级的卓越企业。

第八章

新的创意和惊喜

我们之前对于“什么是游戏”这个问题的考虑过于狭隘了，只要是能让人们获得快乐的东西，都应该是我们任天堂考虑的对象。

——岩田

一项新计划

小时候，很多人都有在教科书和笔记本的边边角角乱写乱画的习惯吧。其实，也可以不用纸和笔，直接利用掌上游戏机 NDSi 的触摸屏写写画画，而且还可以把得意的涂鸦作品传到网上，和有同样兴趣的朋友们交流。

2008 年 12 月，任天堂发布了一款为新型游戏机 NDSi 量身打造的软件——“便携笔记”。玩家可以用这款软件做出一些简单的有声动画，记录自己的心情和日常琐事。“任天堂 NDSi 店铺”是任天堂为 NDSi 开发的一组简单的益智游戏合集，其中每款游戏售价几百日元。便携笔记是任天堂 NDSi 店铺的一员，玩家可以免费下载。

用 NDSi 做出的动画可以发布到任天堂专门设立的网站上，让其他玩家浏览，同时也可以通过 NDSi 把动画转存到手机或者是电脑上。

便携笔记发售了仅仅两个月，网站上的作品量就已经超乎人们的想象，同时也形成了人数众多的“粉丝群”。

展示这些动画的网站名为“便携笔记 Hatena”。玩家利用 NDSi 的便携笔记共享功能上传自己的动画作品时，会自动分享到该网站。

Hatena 是一家互联网公司，主营博客和其他网络服务。任天堂把便携笔记的所有运营工作都交给了 Hatena 全权管理。任天堂认为，这种自身业务领域之外的事情，交给该领域的专家处理就好，与其自己做，不如借助现有的资源。

2009 年 2 月下旬，便携笔记服务开通两个月后，网站上每天的更新令人目不暇接，玩家累计投稿超过 24 万件。

百闻不如一见。网站上点击量排名第一的作品是《泡沫塑料 VS.“棒人形”》，所谓的“棒人形”，指的就是用圆圈表示脑袋，用简单的线条勾勒身体的人物形象。这是一个经过后期配音的约 30 秒的小动画。

棒人形走在街上，被迎面吹来的一块泡沫塑料打了脸，接下来棒人形用尽各种手段想要破坏这块泡沫塑料，还高高跃起，但是没有打到泡沫塑料，反而把自己弄骨折了。

仔细想来，很难理解这样一段用简单线条勾勒而成的“无厘头”小动画为什么拥有超高人气。评论几乎都是赞赏的话，“不管看过多少次都觉得很棒”“非常有趣”“期待下一部作品”……

这部作品的作者网名为 TAAKUMI，自称是一名小学四年级的学生。画风绝对算不上华丽，声音处理也很不专业，但却能够成为便携笔记世界的超人气作者。

仔细看评论，会发现很多人用的都是以平假名和片假名为主的表达方式，几乎没有汉字，而且遣词造句也很稚嫩。可以判断出 TAAKUMI 的支持者也大多是小学生。孩子们会用孩子的价值观来评判一部作品是否有趣，从而形成一股网络热潮，这本身就很有意思。

TAAKUMI 在便携笔记服务开通两个月内上传了将近 60 部作品，点击量达到 200 万次，评论 2000 多条。另外，网站上每天都会诞生很多“人气作者”。便携笔记对 NDS 市场的再次活跃产生了很重要的影响。

前面讲过，NDS 在日本国内最火爆的时期是 2005 年末，之后开始慢慢下滑。但随后，在欧美市场的销量开始上扬，同时日本国内销量也开始回升。

岩田社长经常说，2006 年 NDS 能售出 900 万台是一件出乎意料的事。北美市场约有 3.3 亿人，欧洲市场约 5 亿人，如果按照人口比例计算，日本的销量只要能达到这两个市场各自销量的一半就算合格了。

随着 NDS 在欧美市场人气的急速升温，日本和海外的销量差开始迅速扩大。

以 2008 年 4～6 月的销量为例，日本国内的销量如果是 1，那么北美就是 4.7，欧洲、亚洲及其他地区为 6.3。这样，按人口比例计算，日本的销量已经降到了非常低的水平，实际上也确实如此，这 3 个月的销量还不足前一年同时期的 1/4。

很多人认为，这是市场饱和造成的。截至 2008 年 6 月，NDS 在日本的销售总量达到了 2300 万台，平均每 5 个日本人就拥有一台 NDS，差不多已经到达了普及极限。

但岩田不这么想，他为 NDS 市场注入了新的活力，这就是 2008 年 11 月以“我的 NDS”为主题上市的 NDSi。

NDSi 最大的亮点在于新增了数码照相功能和通过 SD 卡播放音乐的功能。

虽说有了照相功能，但这并不是为了把 NDS 变成真正的数码相机，其目的在于对游戏图片和音乐进行编辑，提高 NDS 游戏机本身的附加值，因此摄像头只有 30 万像素。这也是“对于‘过时’技术的当下思考”的一次经典演绎。

在 NDSi 上市的 2008 年 10 ~ 12 月，日本的 NDS 系列机型的销量开始回升，比前年同期增长了 197 万台。同时，日、美、欧的销量比也开始接近理想的 1∶2∶2，基本符合三地的人口比。

但是岩田并不满足，因为长时间无法推出像脑锻炼、任天狗这样超高人气的软件作品，他感到很苦恼。

截至 2009 年 4 月，任天堂一共有 25 款 NDS 游戏软件上市，日本的销量超过了 100 万套，但其中只有 7 款是 2007 年后的新作，这 7 款中销量排名最靠前的“口袋妖怪铂金版”也仅排在第 7。而且这 7 款游戏中有 6 款是任天堂的马里奥、口袋妖怪等超级经典系列，几乎是注定要热卖的产品，纯粹的新品只有 2008 年发售的

“韵律天国黄金版”这一款。

如果再严格一点划分，韵律天国黄金版也是2006年8月发售的GBA游戏“韵律天国”的续篇。风靡全球的NDS游戏的开发创作出现了瓶颈。

任天堂的游戏软件开发能力久负盛名，在有了NDSi这样优秀的硬件之后，如果不能推出与之相匹配的经典游戏，那么任天堂将陷入进退维谷的尴尬境地。

便携笔记作为任天堂新战略的一块试金石登场了。

凭借便携笔记，TAAKUMI这样一个小学生瞬间成了网络上万众瞩目的焦点。这也证明了岩田酝酿已久的一项新战略的正确性。

NDS销量的变化

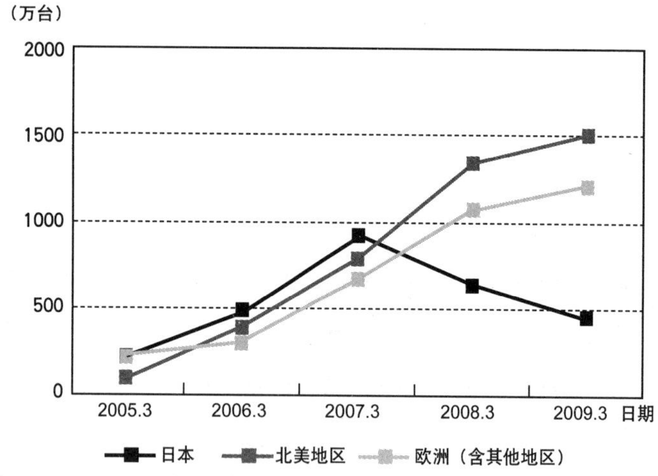

注：2009年3月的销量为推算。

扩大游戏创作队伍战略

在 2009 年 1 月的决算说明会上，社长岩田聪阐述了任天堂日后的发展规划。

“我们注意到，在互联网上，很多玩家提出的游戏创意都非常新奇有趣，这些创意会把任天堂的游戏开发带入一个更广阔的领域。所以我们决定开始加大 UGC（User Generated Content）在游戏开发中的比重。”

UGC 即用户生产内容，网友将自己制作的内容通过网上平台与其他用户分享，网站的内容不再由管理员而是由用户自己来制作。

世界上最大的视频网站 YouTube、拥有上千万会员的影片分享网站 NiCONiCO 动画、日本国内最大的网站 mixi，以及数量众多的博客……都是 UGC 的典型代表。

简称为 CGM（Consumer Generated Media）的消费者媒体慢慢

成为互联网世界的主导者，专业设计者开发的网站正在逐渐没落。CGM 的核心实际上就是用户占有主导权的 UGC。

对于把 UGC 应用到游戏开发中，岩田怀有浓厚的兴趣。

任天堂拥有世界公认的一流游戏软件开发团队与业界无人能比的丰富的开发经验，同时，也拥有数量众多的第三方公司的支持。

但是岩田认为，玩家已经渐渐对“专业人士”开发的游戏感到倦怠，很难再对某件作品产生惊喜感。

“如果我们的作品一直遵循某种固定的模式，玩家就会产生倦怠和厌烦。看到游戏开头就能猜到游戏的模式和结局，玩家肯定会失去继续玩的兴趣。如果这种情况一直持续下去，我们将只能在二手商店里找到任天堂的游戏了。”

该是 UGC 出场的时候了。对于业余爱好者来说，他们不受思维定式的桎梏、创意新奇且出人意料，作品的趣味性也因此大大增加。

所以岩田在研发掌上游戏机 NDSi 时特意加强了对于互联网的利用，为普通玩家参与游戏创作提供了舞台。

这样，标志着任天堂继扩大游戏玩家队伍战略之后的又一重大决策——“扩大游戏创作队伍战略”开始了。便携笔记便是这一战略的前哨战。

2008 年圣诞假日刚一开始，便携笔记就显露出强劲的势头。从服务正式开始到投稿数超过 10 万件只用了短短 16 天。照这个速度，便携笔记的用户群将非常庞大，任天堂从中受益创作出新作品的日子也指日可待。

岩田把热衷于 UGC 的用户群分为两类。简单地说，一类是醉心于创作，从作品分享中获得成就感的业余创作者，另一类就是为优秀作品鼓掌喝彩的欣赏者。

这二者共存共荣，相互刺激另一种类型用户的增长，最终形成了一种非常好的良性循环。

举个简单的例子，用户在多如烟海的作品中发现了 TAAKUMI 的作品，觉得有趣，就会去“顶”，会留言。支持越多，作者的信心就越强，从而创作更多的作品。最终的结果就是 TAAKUMI 发布了 60 多部作品，总点击量达到了 200 万，收到留言 2000 多条。

另一方面，用户可以把喜欢的便携笔记作品下载到 NDS 上，对该作品进行图像、声音等的二次加工。这样，欣赏者也可以很轻松地成为创作者。这是便携笔记的另一个重要的魅力。

一位网名为“Sky”的作者曾经发布了自己创作的以马里奥和路易基（马里奥的弟弟）为主人公的四格漫画。结果仅仅过了两个月，以这部作品为原型发展出来的演绎作品就超过了 900 部。

其实不管是作者也好，欣赏者也好，大家都在无忧无虑地玩，没有任何压力。可以说，便携笔记是一款会自动完善成长的新型游戏。

岩田希望这种玩家自主游戏能够取代脑锻炼等传统游戏，成为 NDSi 的主角。

当然，UGC 的世界毕竟缺乏严格的管理，难免鱼龙混杂，而且未成年人也经常在不经意间发表一些不妥当的或者是侵犯著作权的内容。

如果进行严格管理，对作品进行审核甚至是取缔，很容易使玩家流失；如果放任不管，又会面临法律纠纷。运营这项网络服务需要高度的专业知识和经验，这对于任天堂来说是一项负担很重的工作，所以他们把这项工作委托给了第三方公司。

任天堂决定在网上发布便携笔记作品的时候进行过商讨。他们认为，如果完全由任天堂自主运营这项服务，那么最早也要在 2009 年下半年才能完成便携笔记的发布。

这是一项有意义的尝试，可是任天堂缺乏相关的经验和人员。此时，Hatena 这个名字映入了岩田的脑海。

Hatena 的注册会员仅有 80 万人，在网络世界里并不是一家大规模的公司，但是历史悠久，有着强大的影响力。社长近藤淳毕业于京都大学，2001 年开创了 Hatena。著有《Web 进化论》的梅田望夫是该公司的独立董事。之前，岩田曾经和梅田进行过数次会晤，双方都认为彼此的业务领域能够互补，有合作的可能。

而且，Hatena 的总部也设在京都，沟通起来比较便利。这对任天堂来说也是一次难得的学习机会。因此岩田立即联系 Hatene，商讨就便携笔记项目进行合作的相关事项。

2008 年 12 月，在 Hatene 举行的记者招待会上，便携笔记的主要设计者、任天堂信息开发本部的小泉欢晃做了发言：

“类似便携笔记这种‘编辑系’的游戏将是任天堂以后发展的一个非常重要的方向。我们非常荣幸能得到Hatane的协助，在此次合作中获得的经验对我们来说也是一笔非常重要的财富。”

Hatena采用了一种被称为“自警团”的机制对投稿作品进行过滤。所有投稿都会自动在便携笔记Hatena的网站上发布，但不会立即分享到NDSi上，也就是说，用NDSi无法即时看到最新的投稿。在此期间，一旦有用户对网站上发布的内容进行投诉，那么该作品就会被立即封存，并提交网站的工作人员进行人工审核。

运营开始后两个月，自警团系统运行良好，Hatena没有在作品的著作权方面惹上任何麻烦。

但与此同时，Hatena也发现了一些必须认真对待的问题。

比如，如何判断孩子们在作品中开的一些玩笑是否过火？是否允许使用马里奥等任天堂拥有知识产权的人物形象？通过麦克风录制使用的音乐作品是否需要向原作者支付费用……

不过，这些都是在新生事物、新文化产生之时必然会出现的问题。毕竟任天堂走在最前沿，没有任何成功的案例可以参考。如果这些问题得到顺利解决，就标志着便携笔记开始成熟，并且能为任天堂今后的发展积累经验。

在NDSi开始发售的时候，岩田在任天堂网站主页的“社长讯”栏目里发表了这样的看法：

“每每看到便携笔记，我自己也不禁心潮澎湃。不管从哪个角度说，之前的传统电视游戏都被限制在一个封闭的环境里。现在，借助互联网，这个世界彻底开放了，所有人都可以参与到游戏的创作中来。这是一个未知的领域，没有人知道会遇到什么，我对这个新的世界充满期待。”

岩田还说：

“借由便携笔记，每个人都可以把自己的作品放到互联网上供所有人欣赏。不管是谁，只要认为自己有才能，都可以借此向全世界展示自己。”

岩田认为，通过便携笔记会产生许多不输给专业人士的作品，也会产生许许多多专业人士不曾想到的创意，会给 NDS 带来新的繁荣。

同时，岩田期待的不单单是漫画、动画这样简单的作品，另外还有优秀的游戏软件。实际上，任天堂此时已经计划在 2009 年发布一款用于制作小型游戏的游戏软件。

2008 年秋天，任天堂宣布将在 2009 年发售一款名为“制造我”的软件，任何人都可以利用这款软件按照自己的想法做出小型游戏。

玩家可以用这款软件描画游戏背景、人物，制作主题音乐和音效，设定各种游戏规则，完成一款属于自己的游戏。任天堂并没有公布更多的详细资料，但明确表示，这款游戏会像便携笔记一样，玩家可以把自己的作品通过网络和他人分享。另外，玩家自己做的游戏不仅可以用 NDS 玩，也可以在 Wii 上玩。

这是任天堂在 UGC 方面做的进一步尝试。

2009 年 4 月，NDSi 开始在美国发售，之后不久登陆了欧洲市场。在日本开始的扩大游戏创作队伍战略也随着 NDSi 的推广发展到了海外。

语言障碍对动画和小游戏的影响非常小，任天堂期待在全世界引发一场游戏革命。

这场革命可能会彻底颠覆传统的专业人员制作游戏的模式，任何一个普通人都可能改变这个世界。

占领客厅

2009年1月，任天堂宣布将降低该财政年度盈利预期。翌日，任天堂的股价跌落到每股28300日元，到达了该股的限制幅度[1]。几乎跌落到了1年前的1/2。

自2006年4月起，任天堂在每次的中期预算和年度预算中都会上调预期收益，降低预期收益还是首次。虽然调整后的营业额和利润仍然达到了任天堂的历史最高水平，但还是引起了投资者的恐慌。

受到金融危机的影响，很多投资者从2008年下半年开始都认为任天堂的业绩已经到达了顶点，之后会开始走下坡路，这种看法得到了很多人的认同，所以也加剧了任天堂股价的波动。

①东京证券交易所的制度和中国上交所不同，不是以百分比计算涨停、跌停。比如，每股股价在2万～3万日元之间时，涨跌的限制幅度为±5000日元，最大震幅为16.7%～25.0%。

这时，NDS上市已经4年了，玩家开始期待任天堂的下一款游戏机，但是在任天堂还看不到开发新硬件的动作。与之相反，任天堂利用网络点燃了NDS的第二级助推火箭，把NDSi送上了市场。

家庭游戏机Wii的情况也一样。

“2009年春，任天堂将发布Wii的一个新的频道——Wii No Ma频道。”

2008年12月，任天堂发布了这条意义重大的消息。发布这条消息的不单单是任天堂一家，同时还有与任天堂合作的日本最大的广告公司——电通。

Wii No Ma频道是家中的另一个客厅，虚拟人物Mii将会不时拜访你的客厅，为你提供精彩的节目。这个频道还会提供影片欣赏以及其他各种资讯和贴心的服务。相关资讯还会存储在“日历”里，以备随时查询。它会为客厅里的每一位成员带来欢乐。

Wii No Ma的海外业务拓展也在筹划中。

电通为Wii No Ma频道准备的影视节目不是简简单单的重播，而是新录制的节目。虽说要到频道开通的时候才能知道具体的内容，但电通作为大型广告公司进军游戏界，这本身就是一个受到多方关注的新闻。

2008年，日本国内的大型广告公司都遭遇了经济不景气的困扰。

根据电通发表的《2008年日本广告费用调查》，2008年日本企业在广告上的花费为66926亿日元，同比减少了4.7%，5年来首次出现负增长。

其中，互联网广告同比增长了16.3%，传统的四大大众媒体——电视、报纸、杂志、广播的总份额则连续4年大幅度下滑，而在1947年，这四大大众媒体的广告收入占了总份额的一半以上。网络广告的兴起和传统媒体广告的没落趋势还会继续。

在这种大环境中，电通这样的经营传统媒体广告的公司如果不求变通则必死无疑。

截至2008年末，在全世界，Wii的销量达到了4500万台，其中大约有八成放置在各个家庭的客厅中，约四成连接了互联网。对于广告公司来说，Wii的用户无论从年龄层上说，还是从男女比例上说，覆盖面都非常理想。

具体地说，全世界有超过1800万台Wii放置在客厅里，并且连接了互联网（在日本国内，这个数字为310万台）。对于广告商来说，这个数字极具魅力，这些Wii的作用就等同于电视。

作为游戏机的Wii能否在影视节目方面吸引观众的兴趣呢？作为一项先行试验，任天堂于2009年1月末开通了“大众剧场Wii”这一视频服务。

《铁臂阿童木》《小双侠》《超人七号》《假面超人》《X计划》……

大众剧场Wii一共准备了3000余部经典动画、电视剧、纪录片，用户付费后就可以享受拥有DVD画质的视频服务了。

这只是一项单纯的类似视频点播的服务，任天堂将其并入了只要付 500～1000 日元即可下载的“Wii Ware”中，并交由富士软件来运营。

虽然大众剧场 Wii 并没有任天堂一贯的新奇创意，但是从其开始运营到 2009 年 2 月末的 4 周时间里，在 Wii Ware 的 80 多项服务中，大众剧场 Wii 的下载排名高居榜首。

市场上充斥着各种让人眼花缭乱的以互联网为平台的视频点播产品，比如专门针对数字高清电视的 acTVila、NTT 集团推出的光 TV 等。大众剧场 Wii 的出现赋予了作为影像终端的 Wii 一个新的发展方向。

凭借任天堂对娱乐元素的把握能力与电通对新影像作品的开发能力，双方合作推出的 Wii No Ma 频道一定能取得比大众剧场 Wii 更出色的业绩。

出前馆是日本的一个餐饮业门户网站，用户可以通过出前馆向超过 8500[①] 家饭店下订单，出前馆每月处理的订单数量在 50 万件以上。从 2009 年春开始，出前馆和任天堂合作，开通了 Wii 的专用服务通道。2008 年，大型卡拉 OK 公司 XING 和游戏软件公司 Hudson Soft 联合推出了 Wii 的专用软件包“卡拉 OK JOYSOUND Wii”，只要连接到互联网，就可以点播超过 3 万首歌曲，同时还以每月 1000 首的速度更新。

---

①根据出前馆网站，当前店家数量已超过 16000 家。

照此发展下去，如果能将越来越多地与人们日常生活相关的内容和 Wii 联系起来，那么岩田期待的“开电视前一定要先启动 Wii”的生活习惯、Wii 与电视机争夺客厅的日子也就指日可待了。

在 Wii 发售之前，岩田一直在考虑这种新型游戏机应该具备的特质，比如应该能让用户养成在打开电视的同时打开 Wii 的习惯，具备良好的拓展性，与互联网紧密联系。他曾经与负责硬件开发的竹田玄洋说过对 Wii 的展望。

“竹田，我们的工作将会彻底改变电视、家庭、游戏和互联网之间的关系。”

任天堂对于单纯的视频点播服务没有兴趣，但是如果能在其他公司经营的服务中融入任天堂的游戏元素，就有可能产生如同当年卡拉 OK 出现时的轰动效应。任天堂后来通过互联网运营发布的其他服务整体模式也基本与此相同。

也就是说，不管什么样的题材和内容，只要捕捉到了其中蕴含的娱乐元素，就可以为 Wii 所用。

岩田说：“我们之前对于‘什么是游戏’这个问题的考虑过于狭隘了，只要是能让人们获得快乐的事物都应该是我们任天堂考虑的对象。”

健康、减肥、体重计、视频点播都可以成为 Wii 的内容。当越来越多地与日常生活息息相关的服务被集成到 Wii 上之后，Wii 就不再是一台普普通通的游戏机，而是面向家庭日常生活的多功能电视机顶盒。

谈到这个话题时，岩田说：

“当然，任天堂开发 Wii 的目的并不是争夺客厅的‘霸权’，把其他家电统统击败。我们只是一直沿着自己认为正确的道路，不停地做着自己该做的事情。不经意间发现，Wii 距离这样的‘霸权’已经非常近了。”

来自业余队伍的“刺客”

没人清楚现在究竟有多少家公司在制作游戏，更没人能数得清现在市场上到底有多少款游戏产品，但有一件事是清楚的：游戏产品和玩家的数量正在以惊人的速度增长。当然，各种新兴的游戏平台也层出不穷。其中表现最突出的就是美国苹果公司推出的 iPhone 和 iPod Touch。

截至 2008 年末，iPhone 和 iPod Touch 在全世界的累计销量超过了 3000 万台，已经达到了任天堂 NDS 的 1/3。同时还拥有超过 1 万种游戏软件支持。

掌上游戏机的竞争进入了一个新的阶段。

2008 年 7 月，苹果发布了一项面向 iPhone 和 iPod Touch 的网络软件服务——App Store，把世界带入了苹果时代。

天气预报、电子书籍、教育、新闻、导航……App Store 中有各种各样的软件供用户挑选。

下载后的软件可以非常方便、迅速地应用在 iPhone 中。

截至 2009 年 3 月，也就是 App Store 开通 8 个月后，可供下载的软件数量达到了 25000 种（包括所有免费和收费软件），下载次数累计 8 亿次。这中间最受欢迎的当然还是游戏软件。

与其说 iPhone 是手机，不如说打电话是这部掌上游戏机的一个小小的附加功能。iPod Touch 的出现也印证了这一点。

App Store 中的软件分为 20 个大类，其中，游戏类软件的数量最为庞大。截至 2009 年 3 月，游戏软件的数量超过了 1 万种，而同期发售的 NDS 游戏软件只有 1300 种，在数量上苹果遥遥领先。最令任天堂感觉受到威胁的是，iPhone 游戏的理念和发展趋势和任天堂非常相近。

NDS 的目标是让玩家随时随地放松，哪怕只有一点点空闲时间，也能享受到游戏的乐趣，并且通过触摸屏的方式拉近了游戏新手和 NDS 的距离。同时，NDS 游戏软件从音乐到教育涵盖的范围非常广。

很不幸，iPhone 具备 NDS 的上述所有特性。

就像 NDS 采用了触摸屏等新奇的用户界面一样，iPhone 也给世人带来了耳目一新的感觉。

iPhone、iPod Touch 采用了多重触摸屏，这使得 iPhone 能够确定在多个点同时发生触摸的位置和运动方向。文字输入、画面滚动、画面放大等所有操作都可以通过手指完成。

而且 iPhone 的屏幕大小和画面分辨率都优于 NDS，画面滚动流畅、优美，操作性相对于NDS而言更直观。最让人感兴趣的是，iPhone内置的传感器可以感应到自身的倾斜和旋转，从而自动调整画面，保持画面方向。

音乐游戏“Tap Tap Revenge”是比较有代表性的一款游戏。

游戏的背景图是舞厅，游戏中有多种风格的音乐，玩家可以把自己喜欢的音乐放到游戏中。当游戏中的音符到达规定位置时，玩家只要点击它就可以得分。操作十分简单，很容易让人上瘾。这款游戏的发布时间是2008年7月，在短短两周时间里下载量就超过了100万次。截至2008年7月，下载量已经超过了500万次，并且还在继续上升，不断地冲击世界各国的游戏排行榜。

在App Store的下载排名中，这类益智类小游戏和麻将这样的桌上游戏以及网球、棒球等运动类游戏位于前列。

更加令任天堂感到不安的是，本来不属于游戏范畴的一些应用软件也加入了很多娱乐元素，变得像游戏一样吸引人。

三省堂出版社的日语辞典软件《大辞林》一直在各类下载排行榜中保持在前十位（日本排名）。在App Store中经常能看到这样的评论：

“就好像是在词汇的海洋中畅游。不试用一下根本体会不到这种乐趣。多亏有了iPhone和iPod Touch，学习变得像游戏一样轻松。”

“虽然只是一个辞典软件，但是用起来感觉十分有趣。让人随时都想拿出来查词玩。”

“会让人忍不住不停地按‘下一个’的按键，看得越多知道的东西就越多，乐趣也越多。”

按照五十音图[①] 顺序或人名顺序进入索引页面后，无数的词汇开始在屏幕上滚动。进入词汇解说选项，随便用手点击任意一个词语，画面就会转到相应的解说页面。动作简单明了，让人爱不释手。

苹果正在不断地蚕食任天堂的用户群和市场份额，逐渐壮大。苹果给任天堂带来的压力不仅仅表现在业绩上。

扩大游戏创作队伍战略首先是由岩田聪社长提出并开始试行的。在这一点上虽然任天堂走在了苹果的前面，但是苹果做得显然更好。

任天堂把 UGC 作为未来发展的战略思想，而 NDS 游戏便携笔记以及之后发售的自主创作游戏的软件就是这一战略的序章。

但是，这仅仅是向用户开放了游戏内容的制作权，用户可以自由制作游戏，却无权销售。也就是说，为了防止游戏的粗制滥造，所有的游戏软件上市之前必须经过任天堂的审核，并且由任天堂统一经营管理。任天堂不会改变这一传统政策。

苹果的要求显然要宽松得多。日本苹果公司产品营销经理一井良夫说：

“只要有一台苹果 Mac 电脑和一台 iPhone 或者是 iPod Touch，

---

①日文的五十音图即 50 个“假名”，类似于中国的拼音。

每年缴纳 18000 日元的会员费，任何人都可以参与到 iPhone、iPod Touch 的软件市场中来。”

在 App Store 上，没有专业游戏创作人员和业余爱好者之分。虽然在 App Store 发表作品之前也要经过苹果公司的审查，但是苹果只是审查作品中是否含有违反法律或者是触及公共道德的内容，对作品的质量没有任何限制。在 2009 年 2 月，App Store 的审核通过率高达 96%。

确实，苹果的这一做法会导致 App Store 上的作品良莠不齐。有很多劣质作品混杂其中，很多人对此项措施持批评态度。

打个比方，苹果这样做就好像是成立了一支业余棒球队，击球者即使“空振”（挥棒落空）也没关系，马上会有下一个击球者站到打击席上进行下一次挥棒，而任天堂、索尼则更像专业棒球队，只有实力强劲的选手才会上场比赛。

但是，对于苹果来说，他们在全世界拥有超过 3000 万无名选手，每个人都怀着通过 App Store 获得巨额财富的梦想。虽然有人批评苹果这种放任的做法，但是大多数用户都很拥护这种自由宽松的环境。由于竞争激烈，粗劣的产品很快就会被用户的“自由选择”淘汰，每天都会产生很多创意新颖的作品。

苹果在 App Store 构建的免费下载模式也为优秀产品的脱颖而出提供了便利。

玩家可以获得很多游戏的免费试玩版，觉得满意再付费购买该游戏的完整版。这种做法一方面为产品起到了宣传作用，另一方面也增加了付费用户的数量。

另外，App Store 上的软件价格都很低，一般在 105 日元到数百日元之间，最高的也仅售 1000 日元。虽然价格低，但是利润却很可观。比如，一款 105 日元的软件如果能吸引到 10 万名付费用户，销售额就是 1050 万日元，苹果公司收取的手续费一般为 30%，那么毛利润就是 735 万日元。对于大公司来说，这点钱不算什么，但是对于个人或者是默默无闻的小型团队而言，这无疑是一笔非常可观的财富。所以，有很多人在努力开发可能会受用户欢迎的软件作品。

实际上，前文提到的游戏 Tap Tap Revenge 的作者只有 4 个人，Tap Tap Revenge 的下载量达到了 500 万次，其中付费版本的下载量为 10 万次。这笔收入成了这个四人团队的“第一桶金”，后来他们开了一家公司，取得了更大的成功。

还有一款模拟吉他的游戏软件——“口袋吉他”，作者是一名有正式工作的日本人。他利用闲暇时间制作了这款游戏，下载量突破了 50 万次，至少获得了 3500 万日元的纯利润。

这种财富梦想成了 App Store 上作品水平急速提高的催化剂。“专业棒球队”已经不得不正视“业余棒球队”的力量了。

从 2008 年末起，日本的 Square Enix、Konami 及美国的 Electronic Arts 等大型游戏公司也纷纷进军这一领域，专业、半专业、业余人士展开了一场激烈的竞争。

苹果的 App Store 彻底打破了游戏开发的壁垒，让每个人都能参与到这个原本遥不可及的领域中，而任天堂仍然没有彻底放弃原有的依靠精英团队开发游戏的模式。

究竟应不应该开放游戏开发？任天堂和岩田将何去何从？未来的市场是最好的试金石，让我们拭目以待。

跋　惊喜还在继续

客观地说，任天堂状态良好。

借助 NDS 和 Wii 这两款优秀的硬件，任天堂不管在日本，还是在海外市场都收获颇丰。几乎所有的企业都在向任天堂示好，希望能与之合作。此外，NDS 和 Wii 的发展方向——通过互联网提供游戏和服务，也是一个大有可为的领域。

但是，岩田社长比任何人都清楚，任何时候都不能掉以轻心。任天堂的管理层必须随时保持高度的紧张感和危机感，而且需要解决的课题也确确实实如同雪崩一样铺天盖地而来。

iPhone 的崛起对于 NDS 的销售会造成何种影响，这是岩田的首要课题。就日本国内市场的情况来看，NDS 软件已经过了当年的高产期，NDS 的市场份额也在逐渐萎缩。依据经验，日本的市场动向通常可视为欧美市场的风向标，这也就预示着欧美市场也快要走下坡路了。

在 2009 年 1 月的决算说明会上，岩田曾经发表过自己的看法：“恐怕日本的家庭游戏机市场正处在最萎靡的时期。”在欧美人气很旺的 Wii 在其发源地日本的销量已经开始停滞不前。2008 年 10～12 月，Wii 在欧美市场的销量为 950 万台，而在日本国内仅售出了 88 万台。

Wii Fit 上市后，再也没有哪一款游戏软件具有振兴 Wii 市场、扩大市场份额的作用。2008 年秋天，被寄予厚望的“Wii Music”投入市场，但是截至 2009 年 3 月，销量也仅有 40 万套，远远没有达到任天堂的预期。

平心而论，NDS 和 Wii 的销售状况不能说不好，它们始终在竞争中处于领先地位，但是它们刚刚出现在世人面前时的那种新鲜感正在随着时间的流逝渐渐淡薄。

岩田对于这些情况自然一清二楚。

2008 年 4 月，有传闻说，苹果公司会正式参与游戏市场的竞争。岩田在当年的决算说明会上也被问到这个问题。他回答：

“和苹果的威胁相比，现在任天堂面临的最大危机就是支持我们的玩家对于游戏慢慢产生了倦怠感，我们必须为此制定出好的解决方案。否则，任天堂这个词就会变成过去时。这是我们的当务之急。”

索尼、微软以及苹果，都不能算是真正意义上的敌人。任天堂最大的危机就是玩家对于游戏的新鲜感和兴趣在逐渐消失。之前的成功创意成了任天堂现在的最大障碍，必须不断地超越自己才能生存下去。

NDS 投入市场 5 年后，任天堂方面还没有关于下一代游戏机的研发消息。媒体、投资者和玩家对此众说纷纭。冈三证券的分析家森田正司预测：

“新型游戏机最早也要在 2013 年左右才能上市，而且就像 NDS、NDS Lite、NDSi 一样，这款机型应该也是 NDS 的某种改良版本。其实对于现在的任天堂来说，在索尼和微软的下一代游戏机还没有出现之前，最大的课题还是如何经营好现在的市场。”

Square Enix 的社长和田洋一说：

“在用户界面方面，触摸屏、加速度感应器等各种小手段都用得差不多了，已经没有什么潜力可挖。下一步就是在互联网上做文章，能否有好的创意和运营手段，将直接影响任天堂今后的成败。”

当然，任天堂毕竟是任天堂，不管是在游戏软件还是在各项服务上，可能都保留了一些秘而不宣的特殊“武器”。在之后的 E3 电子娱乐展上，很可能会亮出再次让世人瞩目的作品。

在 2009 年 1 月的决算说明会上，岩田这样说：

“我们现在正在进行各方面的尝试，提出、讨论各种提案。我们深深感到，只有推出一款能够让游戏市场产生‘大爆发’效果的游戏软件，才能继续保持任天堂的领先地位。”

岩田说的能够引起大爆发的游戏软件就像是 NDS 的脑锻炼、任天狗和 Wii 的 Wii Sports、Wii Fit 那样能对硬件销售产生决定性影响的游戏。“如果当初没有这些软件，后果不堪设想。”

“正是因为这些游戏软件吸引了众多玩家，极大地推动了硬件的销售，才会出现所谓的‘NDS 现象’‘Wii 现象’。我们必须以此为目标继续努力。当然，今年任天堂也会推出很多让人耳目一新的创意，敬请期待。”

岩田希望再出现一款像脑锻炼或者是 Wii Fit 这样具有强大影响力的游戏软件，把 NDS 和 Wii 的神话继续下去，但是这并不意味着任天堂终止了硬件方面的研发。

“娱乐产业瞬息万变，也许有一天现在流行的一切就突然过时了，所以我们丝毫不敢放松新硬件的研发，但是这种事情不是简单定下一个时间表就可以按时出成果的，只有在取得某项重大突破时才有可能预计新的游戏机何时诞生。”

虽然岩田这么说，但我们有理由相信，他手中已经有了几个试验品，或者宫本在新的游戏手柄研发方面取得了某些成果。

岩田在消除玩家倦怠感这一点上非常执着，从投资倾向上也可见一斑。2009 年 2 月，任天堂证实了外界关于任天堂斥资 128 亿日元的巨额投资传闻。不过，并购对象并不是软件公司，而是距离任天堂总部直线距离不超过 200 米的一家面积达 4 万平方米的高尔夫练习场。

如果读者还有印象，应该记得当初岩田和宫本正是在这家高尔夫练习场楼上的餐厅中决定在 NDS 上使用触摸屏的。这家高尔夫练习场就是任天堂新的研发中心。

任天堂在2000年迁到现在的总部，总部旧址被称为京都研究园区，研究开发部的一部分团队仍然留在那里。任天堂计划利用新的研发中心，重组一直分隔两地的研发部门，并且还要推进硬件研发部门和软件研发部门的一体化。

岩田感到，在NDS、脑锻炼、Wii、Wii Fit这些产品的诞生地，已经不太可能继续推出划时代的产品了，所以他不遗余力地改革任天堂的组织形态，为日后的进一步发展奠定基础。

现在是一个物质极大丰富、靠软件获得市场优势的时代。消费者在意的已经不是商品的基本性能和耐久性，而是商品的外观设计和便利性，厂商必须在这方面多下功夫满足消费者的需求。

以家电为例，现在几乎所有的商品都带有内置电脑，与硬件本身相比，体现产品差异性的是软件。

在不更换硬件的情况下，只要通过互联网进行软件升级，就可以像变魔法一样让消费者手里的产品焕然一新。

今后，能否产生优秀的创意将是企业胜负的关键。

长久以来，在偏重于硬件制造的日本经济界，重视软件创意的任天堂一直是一个稀有的存在，但现在，随着世界经济的发展，任天堂的这种优势已经逐渐显现出来。

任天堂的“中兴之祖”山内溥在接受采访的时候曾经微笑着说了一段令笔者印象深刻的话：

“如果有朝一日任天堂的创意枯竭，不知道怎样做才好，那么就离关门大吉不远了。离开了软件和创意，任天堂还能做什么？

难道要变成硬件属性的公司吗？这种事情我们做不来。”

一旦失去自己的优势，迷失在竞争之中抛弃自己的传统，任天堂将没有未来。

抱着这种觉悟，任天堂从纸牌工厂发展到了今天。我们期待着任天堂能创造出更加美好的未来。

致谢

本书的创作得到了 Square Enix 的社长和田洋一（兼任日本社团法人计算机娱乐协会会长），冈三证券的分析师森田正司，横井军平的原部下、KOTO 公司的顾问泷良博以及诸多人士的大力协助，在此一并致谢！

附录

1889年　山内溥的曾祖父山内房治郎在京都下京区创建了任天堂骨牌公司，开始制造花札。

1902年　生产出日本第一副扑克。

1933年　组建合资公司山内任天堂。

1949年　山内溥就任第三代社长，时年22岁。

1953年　生产出日本第一副塑料扑克。

1959年　取得了美国迪士尼公司的授权，开始生产迪士尼扑克。

1962年　公司在大阪证券交易所二部和京都证券交易所上市。

1963年　公司更名为任天堂。

1966年　横井军平设计的超级怪手上市。

1970年　电子玩具光线枪、光线枪SP上市，引起轰动。

1977年　任天堂的第一部家庭游戏机——电视游戏15上市。

1980 年　掌上游戏机 Game & Watch 上市。任天堂的美国子公司 Nintendo of America Inc.（NOA）成立。

1981 年　大型街机——大金刚登陆美国市场。

1983 年 7 月　家庭游戏机 Famicom 上市。公司在东京证券交易所一部上市。

1985 年 9 月　Famicom 的游戏软件超级马里奥上市。当年，Famicom 的销量达到 374 万台（之前该机种的累计销量为 210 万台）。

1986 年 2 月　Famicom Disk System 上市。

1989 年 4 月　掌上液晶屏游戏机 Game Boy 上市。

1990 年 11 月　Super Famicom 上市。

1995 年 7 月　游戏机史上第一款 3D 游戏机 Virtual Boy 上市。

1996 年 2 月　Game Boy 游戏口袋妖怪上市。

1996 年 6 月　家庭游戏机 Nintendo 64 上市。

1997 年 4 月　动画片《口袋妖怪》上映。

1998 年 10 月　配备了彩色液晶屏的 Game Boy Color 上市。剧场版动画片《口袋妖怪》上映并进军海外市场。

1999 年 9 月　开始和大型游戏软件公司 KONAMI 合作。

2000 年　HAL 研究所的顾问岩田聪成为任天堂董事，并就任经营企划部部长。

2001 年 3 月　经典掌机 Game Boy 的后继机型 Game Boy Advance 上市。

2001 年 9 月　Nintendo 64 的后继机型 NINTENDO GameCube 上市。

2002 年 5 月　山内溥退休，岩田就任任天堂社长。

2004 年 2 月　作为 Famicom 20 周年的纪念，Famicom 上的一系列经典游戏作品被移植到了 Game Boy 上，作为 Famicom Mini

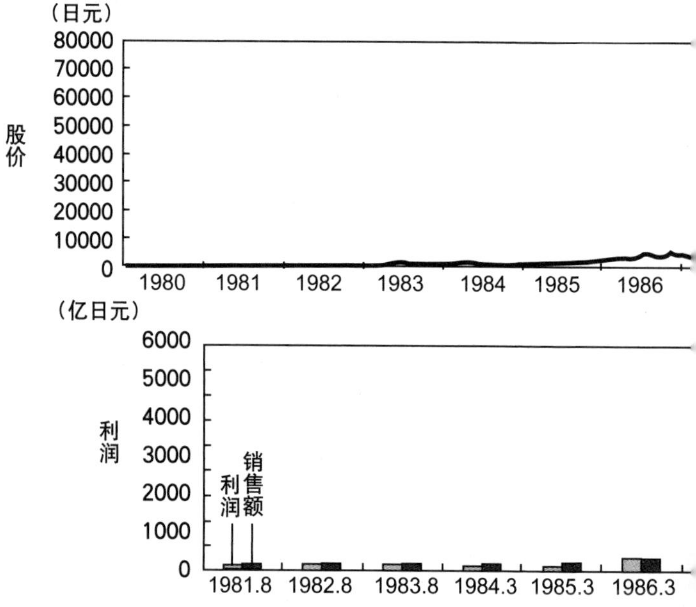

上市。

2004年12月　掌上游戏机Nintendo NDS上市。该款游戏机拥有双画面、触摸屏、语音识别等特点，也是在最短的时间销量达到500万台的游戏机。

2005年2月　NDS游戏脑锻炼上市。

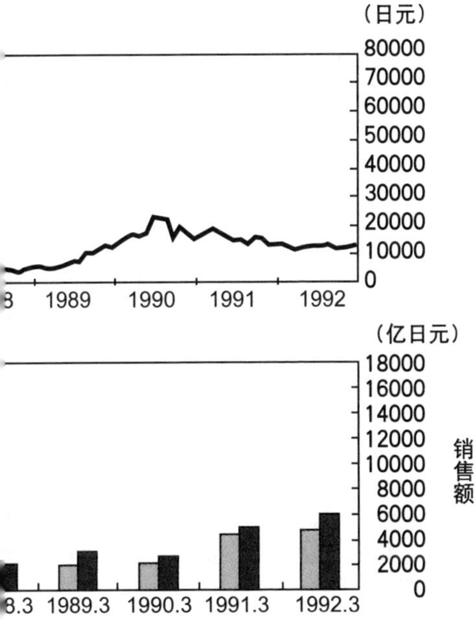

2006 年 3 月　NDS 系列的新机型 NDS Lite 上市。

2006 年 12 月　任天堂的新时代家庭游戏机 Wii 上市。

2007 年 10 月　NDS 在日本国内的销量突破 2000 万台。

2007 年 12 月　Wii 的游戏软件 Wii Fit 上市。

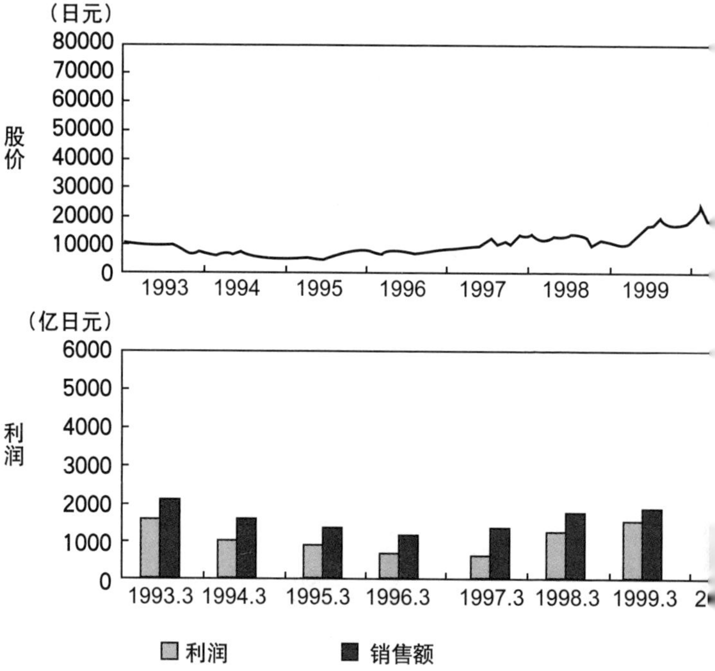

2008 年 11 月　NDSi 上市。

2008 年 12 月 任天堂和 HATENA 合作的便携笔记服务正式启动。

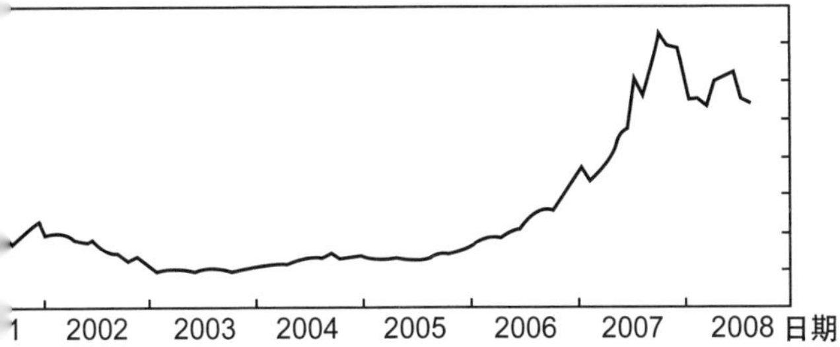

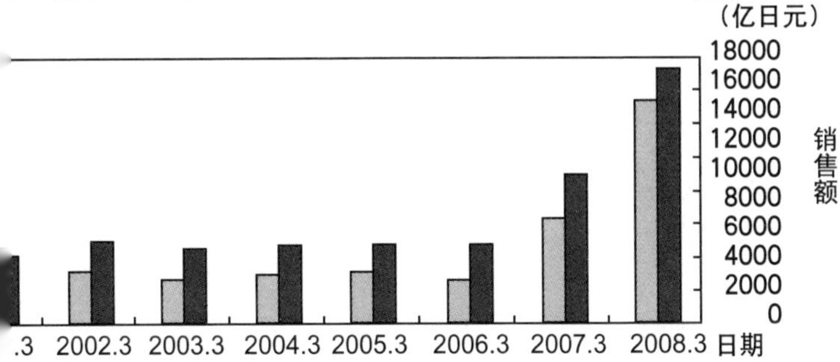

图书在版编目(CIP)数据

任天堂哲学 /(日)井上理著 ; 郑敏译. -- 2版.
-- 海口 : 南海出版公司, 2018.7
ISBN 978-7-5442-9316-7

Ⅰ. ①任… Ⅱ. ①井… ②郑… Ⅲ. ①电子游戏-电子工业-工业企业管理-经验-日本-现代 Ⅳ. ①F431.366

中国版本图书馆CIP数据核字(2018)第106799号

著作权合同登记号 图字: 30-2010-031

任天堂哲学
〔日〕井上理 著
郑敏 译

出　　版 南海出版公司　(0898)66568511
海口市海秀中路51号星华大厦五楼　邮编 570206
发　　行 新经典发行有限公司
电话(010)68423599　邮箱 editor@readinglife.com
经　　销 新华书店

责任编辑 秦　薇
装帧设计 李照祥
内文制作 王春雪

印　　刷 山东韵杰文化科技有限公司
开　　本 787毫米×1092毫米　1/32
印　　张 8
字　　数 160千
版　　次 2011年10月第1版　2018年7月第2版
印　　次 2025年2月第11次印刷
书　　号 ISBN 978-7-5442-9316-7
定　　价 68.00元